개떡같이 말하면 개떡같이 알아듣습니다 : 그렇게 말해도 이해할 줄 알았어

真正想說的話，更要好好說

心理諮商師教你用最忠於自我的話語，化解最難解的關係困境

金玧姃——著
黃莞婷——譯

推薦序

願本書成為你的《人生使用說明書》

我一邊閱讀這本書，一邊真摯地想著要是有本《人生使用說明書》多好？哪怕年過半百，假若有一本這樣的說明書，我想暫時停下腳步，從頭細閱後，再繼續我的人生。

如果真有《人生使用說明書》，我想一定是設計出人類的設計師才有的吧。當然，要見到那位「人類設計師」沒那麼簡單。近代人已大多不信神，人們的思想逐漸從神本主義偏移到人本主義上。我們就像無照上路的危險駕駛，衝撞出一條自己的人生道路。喜歡以愛為名，不經思考就莽撞說出傷害他人的言詞，卻希望對方理解。

若能不經傷痛就悟出人生智慧那是再好不過了，但人生往往沒有這等好事，就像有句話說：「凡殺不死我的，必使我更強大」，很多時候，我們在承受傷痛後才得以通過其他試煉，人們總是要經歷傷痛才會成熟，迎來成功。

幾年前，我為了找研究所的諮商學課程資料搜尋過不少論文，這才發現，人們為了成為完美的人類做過的研究多得不可勝數。實際上，儘管不是所有理論都能直接套用在每個人身上。不過，若對人生存有自覺，終能在人生這個迷宮裡，一一解開有關人生方向的疑問。我認為這也正是人們對人文學如此狂熱的原因。若能持續在「啊！」的瞬間發現自覺，最終成為審察自我的安全帶，以此保護自己無照駕駛，一路狂奔，又沒有剎車的人生。

我認識的金玧娫是個功課好、又聰明的人。和我情同兄妹的她，曾經是個為愛甘冒生命危險的無照駕駛者。她經過長時間學習和研究後，寫下了這一本如同《人生使用說明書》首章的書。我並不是說看完這本書，就能看透人生。不過，我很肯定讀完後，讀者能從如蜘蛛網般錯綜複雜的人際關係中，找到「啊！」的自我覺醒瞬間，進而守護自我。由衷希望各位也能體驗到這樣的自我覺醒瞬間。

二〇一九年九月，於剛果民主共和國金夏沙，建築師金源喆

自序

翻譯人類心聲的「共感口譯師」

曾經有位電台聽眾發來訊息說：「句句命中要害的玧姃老師最棒了。為什麼這麼了解男人的語言。我有時候在想玧姃老師上輩子大概是個男人吧！」我看到時覺得很驚訝，意思是我很懂男人心？說的是我嗎？雖然我的確喜歡男人，哈哈哈！

今天早上，我兒子去修學旅行前，一臉鬱悶地拋下一句話：「到底是我不會說話，還是媽媽聽不懂我的話？」其實，我才想了解男人心呢。我想了解、想知道的男人心之中，最最最想知道的就是我兒子的心。誰讓我也只是個平凡的母親呢。

也許是和沒什麼感情表現，一問三不答的叛逆期兒子住在一起太久，逐漸熟悉安靜的氣氛，偶爾去到有女兒的家庭，被嘰嘰喳喳（？）的閒話家常嚇到的同時，也對情感豐富又善於表達的溝通方式感到很新鮮。如果我和擅長表達情緒的女兒一起生活，我會不會更擅長與女性溝通呢？如果會，那跟我的母親，或者說，我應該更能理解身為女人的母親了吧？

「我把東西放進冰箱裡了。就算很忙也要記得吃飯。不要丟掉。記得三餐定時。」年過四十的某一天，我開始把母親的叮嚀聽成「媽媽愛你」。母親的嘮叨中，偶爾會夾雜罵人的話，偶爾會指責或評判我，讓我難以區分究竟是表達愛意，還是吐槽：「你這孩子真夠沒用。」男人也好，女人也好，我的心也好，對方的心也好，如果不能好好地表達，要了解彼此的心聲絕無可能。如果連本人也不清楚自己的心，連表達自己的需求都有困難，要怎麼去理解其他人的心？但我們往往自認為「我很了解自己」，這本身就是個危險的想法。

我介紹自己的時候，通常會說我是「共感口譯師金玧姃」，而不是「諮商師金玧姃」。其實，我高中就嚮往同步口譯的工作，同步口譯在電視上生動轉播海灣戰爭的帥氣模樣，使我下定決心將來一定要從事同一份工作。但對一個沒有特別原因就放棄英文的學生來說，這夢想遙不可及。礙於英文成績，我上不了一流學府的英文相關科系。經過一番考慮之後，我決定先去成為口譯需要的政治、經濟、社會、文化和國際政治知識的大學科系，再學好英文。最後，我考上政治外交系。

在不清楚自己真正的興趣和專長的情況下，二十歲的我在前途和專業的人生路上很徬徨。也許當時的我需要的是心理諮商。我以長時間工作為由，逃避長期失和而造成的家庭壓力，人際和戀愛關係也一直不順。

我沒去諮商，反而是轉到兒童諮商系。研究所畢業後，度過迷惘的幾年歲月就三十歲了。就像源喆哥說的「無照上路」，我決定結婚。我和在諮商室和電台的讀者來信裡，常遇到的「還沒準備好就結婚的人」沒兩樣。現在回想起來，那個三十歲的我過於無知，做出了最差勁的決定。我花了好長一段時間才原諒那個自己。

婚姻生活就像是一場戰爭，但我仍想維持下去，於是學習諮商和非暴力溝通。每天處於戰場，溝通不良帶來的鬱悶，致使我想去了解別人，尤其是住在同一個屋簷下的男人的心。

然而，無論是我進行將近一年的諮商、或是YTN電台節目的聽眾、或是被命令來到觀護所聽課的非自願聽講者、又或者在各種父母教育課程遇過的來談者，都是男性居多。諷刺的是，在我人生中，溝通時最使我倦怠的對象也都是男性。我一直假裝很認真聽那些男人的故事……沒有啦，我是真的很認真在聽。

女性間有一套慣用的對話語法，像是「我一看就知道！」、「想也知道。」、「就算我不說，你也應該明白，不是嗎？」但當我拋棄這些萬用的應對套路，真心敞開耳朵傾聽男性的心聲後（其實也是我的工作），奇妙的是，他們的字字句句竟逐漸打動了我的心。

雖說我負責「翻譯」男人的心聲給女人聽（反之亦然）。其實，這都是多虧了願意對我敞開心房，坦白心聲的案主與來談者。與其說我很懂人心，應該說我認真傾聽人的話語後，學習、默記，再予以傳達。我做的不過是替人們安排適當的情境和條件，幫助他們好好表達內心。我只是打開耳朵和眼睛，動員五感傾聽並記住內容罷了。

有時人們很清楚自己的心，但卻害怕心受傷而不敢明說，然後期望對方「即使我這樣說也能懂我」。就算是我，也一樣不自覺產生「我不說對方就能心領神會」的期待，誤以為對方能澈底理解我的心路歷程。在這段漫長的過程中，累積重重誤會，吵架時間越來越長，關係終至破裂。

這本書整理了那些透過各種管道找上我的案主們的溝通困境、我想對他們說出真實心聲，但怕太傷人沒能當面說出口的話。我和來談者面對面，進行許多次的共感對話，傾聽人們的故事，引導他們找出自己的方向。比起節目上的諮商，我更常親自回饋諮商意見給來談者，但考慮到聽的人的心情，我不免有所保留。不過在這本書，我不走那套。哪怕戳到人們的痛點，我依然咬緊牙關寫出幫助人們自我成長所需要的字字句句。

共實，書裡寫的話也是想對三十歲的我說的話。是對毫無準備地毅然進入婚姻生活、連生下兩個兒子的我；和堅持不輟、追逐夢想的莽撞的我；是給經歷這些痛苦後，意外獲得專家稱號的我說的話；也是我給十幾年後長大成人的兩個兒子的叮嚀。

和我一樣經歷困境的人，希望那些人能因為這本書停下腳步，鬆一口氣，眺望人生的未來方向。人生不只有一條路，有很多條路可以選擇。希望這本書能在各位慢下腳步，思索該選擇哪一條路的時候，略盡棉薄之力。

二〇一九年初秋，共感口譯師，金玧娅

聲明

本書內的諮商案例以作者經手的諮商內容為基礎整理而成。
為了保護案主，皆以假名代稱，且修改部分諮商內容。

Contents

第三章 父母關係

當你覺得對方口氣很差時，更要好好說！

第四章

親子關係

當你覺得和對方處不來時，更要好好說！

第五章

社交關係 當你覺得自己很委屈時，更要好好說！

第一章

戀愛關係

當你和對方沒有共識時，
更要好好說！

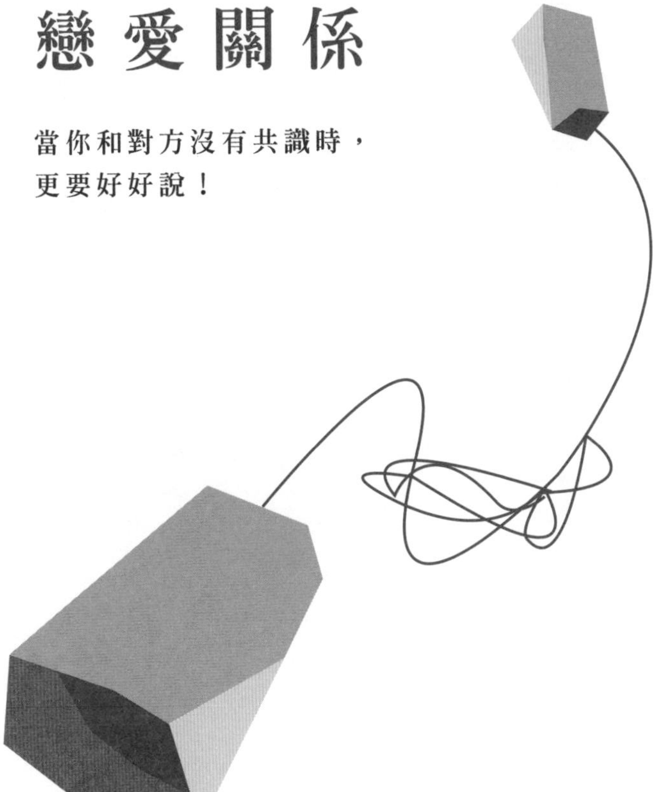

「男友現階段還沒準備好，卻一天到晚說要結婚。」

真正的問題，是你恐婚吧

交往四年的男友說得好像馬上會結婚，造成案主的壓力。這位女性認為男友剛找到工作沒多久，當務之急是適應工作環境，力求穩定，爭取獲得肯定，而不是結婚。以下是一位不想和男友分手，又覺得結婚壓力大的女性。

Q

一名二十多歲的女性因交往四年的男友問題來找我。這位女性畢業後很快地找到工作，男友慢一步才就業，正值要好好學習業務內容、拚工作的人生階段。對這位女性來說，男友現在最重要的事，是學習工作內容和存錢，並不是結婚。兩個人各自用心過好自己的人生，有餘裕再結婚也不遲。

可是，男友的行為舉止彷彿兩人馬上要結婚。比如，男友三不五時就說：「我們以後住在一起吧」、「我們家以後放這個好像還不錯哦」等等，這類的話造成她很大的壓力。她雖不想和男友分手，卻又覺得婚姻將會成為困住她的枷鎖。

她問我：「有沒有繼續這段關係，又能解決結婚問題的方法？」

A：所以男友具體說過什麼時候會結婚嗎？還有，你覺得什麼時候結婚才好？

「有沒有繼續這段關係，又能解決結婚問題的方法？」這個問題的真實涵義應該是：**「有沒有能維持兩個人親密無間的關係，尊重彼此，並且雙方都能滿意的對話法呢？」**

太太：老公，早點回家！
先生：知道了，我會早點回去。
太太：今天不是說會早回家？為什麼不遵守約定?!
先生：不是已經早回家了嘛。
太太：哪裡早？是你自己說要早回家，但又不遵守約定。如果辦不到，從一開始就不要答應會早回家！

這是典型的抽象型對話。到底幾點是早，雙方的期待沒有共識。

這對情侶也需要具體的對話。男朋友說「以後結婚的話」的時候，這位女性必須提出更細節的問題。比如說：「所以你覺得什麼時候結婚好？」、「我覺得什麼時候是結婚的好時機」。兩個人所想的時間點必然存在差異，必須好好溝通協調。如果很難馬上決定時間，兩人也可以先協調一年內不談結婚，延到一年後再說。

根據情況的不同，有時候我們也得採取抽象型對話。碰到這種時候，請這位女性用「婚姻讓我覺得好像會被困住」，去確認男友的抽象表達（「以後結婚的話」）的真實含義吧。以我的經驗，「以後結婚的話」其實有著「想和你共度一生」的想法。

想晚點再結婚的女性是出於什麼理由？

我希望大家在工作穩定後，能冷靜思考以下的問題：以後想過什麼樣的人生？夢想是什麼？五年後、十年後想過什麼樣的人生？這位女性和男友有必要進行這類的對話。我想過什麼樣的人生、對方想過什麼樣的人生，從二十歲開始思考這些事是很重要的。因為夢想和職業是兩回事。

雖然人們很常問孩子「你長大想當什麼？你的夢想是什麼？」，但大人真正想問的是「你長大以後靠什麼吃飯？為了溫飽生活要從事什麼職業？」，這個問題的背後蘊含著長成健康獨立的成人後，經濟獨立的重要性。不過最近人們對於就業和職業的想法變了很多，詢問夢想的真實涵義漸漸變質。有時會隱含「男人得有工作，才能賺錢，結婚成家，養孩子。女人結婚前的工作只是暫時的，隨時都能離職」的意思。

正因如此，**這位女性把男友抱著「我愛你，現在越來越想和你在一起」的意義說出的話，聽成了「你得拋棄你的人生，進入名為結婚的犧牲地獄。」**

韓國社會普遍認為男人理應進入職場賺錢，過幾年再成家。大家會把結婚要花的錢，尤其是買新婚房的責任放在男方身上。所以，說不定工作沒多久的男友提到結婚話題，這位女性想的卻是：「什麼？結婚？現在是該準備結婚基金的時候，談什麼結婚？」又或者，她就是獨立性強的女性，已經預想到自己婚後要承受的沉重責任。我猜想她比起迎合身旁的人的期待，承受強加於身的壓迫，和無數的不合理與荒謬之事，更傾向活出自我人生。

這位女性若想以自己的方式生活。這種時候就需要使用抽象型對話。我建議她先告訴男友自己的夢想、想過什麼樣的生活、還有對未來的想像。其次，雙方再進行與這些相關的具體對話。因為不管結不結婚，兩個人都要優先考慮就業後，想靠現在的工作實現什麼樣的生活，還有去實現哪種人生，才是最重要的事。

這位女性還沒決定自己想過什麼樣的生活，也不曾經歷過實現夢想的人生。在她對於未來還存有疑慮之際，哪怕再愛男朋友，要她進行關於婚姻大事的討論，有可能造成她的莫大壓力。

我建議兩位好好地坐下聊聊，先考慮往後想過什麼樣的生活，還有什麼才是彼此人生的重要價值觀會比較好。並不是兩個人彼此相愛就一定要步入婚姻，也不是說結了婚就一定要過著與他人相似的生活方式。

可是，為什麼這位女性覺得和男友坐下聊這些話題很累？因為她不想毀掉這段關係。人們害怕關係破裂，表達真心時容易顯得猶豫不決。假如雙方想法出現分歧，會更難表達自己真實的內心。可是，要成就一段真正好的關係和能步入禮堂的關係，就算對方的想法、人生價值、實現方法和我不同，也能坦然表達，尊重、肯定和同意，才能一小步一小步翻越那些結婚前的種種難關。

順道一提，如果是即將步入禮堂的情侶，有必要談論以下觀念：

- 假若對方失去經濟能力，我是否願意扛起一家生計？
- 對方生病的時候，我也有信心不離不棄？
- 我是否同意對方的生活方式和夢想？反之是否亦然？

- 比起其他人（包含父母和子女在內），你是否更重視自己和對方的想法？
- 當我們做決定的時候，總是尊重雙方的意見嗎？
- 有沒有為了實現某一個人的夢想，打算犧牲另一個人的念頭？
- 我們要生孩子嗎？

無論交往時間長短，平常很少吵架的情侶，不一定是因為感情好。兩個人以為是互相體諒，都不吐露內心深處的情緒和真實想法，久而久之導致親密感低落。這樣的情侶聊到成家、結婚這類重要話題時，仍然說不出自己的真實想法，於是產生摩擦，感到焦急，就像內文的女性一樣。

沉默不是體諒。情侶之間，即便會遇到爭執，也要練習分享大大小小的事情，像是想法、情緒、顧慮和期盼等等，藉此確認對方的期望是不是和我的期望有落差。

「男友什麼都好，就是潔癖太嚴重。我們能結婚嗎？」

為了男友好，你們還是先不要結婚的好

老實、有能力又善良，長相俊秀，十全十美的男朋友只有一項缺點——那就是嚴重的潔癖。這名男性的未婚妻因此對婚事猶豫不決。

Q

我是二十四歲的女性上班族。我跟男友偷偷談了三年的辦公室戀情，但我們交往的事情在公司裡已經是半公開的事實，加上我的年紀也不小了，最近我答應了他的求婚。上週兩家父母見了面，現在訂好日期，就要正式開始籌備婚禮。可是，真的要結婚了，我卻開始猶豫起來。

男友各方面都很完美。善良、老實、有能力，外表也乾乾淨淨。可是，他有嚴重的潔癖。嚴重到我開始猶豫這場婚事……男友不能赤手碰任何東西，甚至是公車和地下鐵的拉環也總是用抗菌濕紙巾擦過後才抓。有一次我去男友家玩，看到我坐在床邊，男友嚇得大喊：「不可以！床鋪會有灰塵！」那是我第一次看到男友這麼激動的樣子。老實說，又不是什麼大不了的事，我有些吃驚。還有，他去餐廳吃飯一定把包包抱在懷中，非常介意包包放到地面沾到東西。

除此之外，他也很挑食。我們約會只去去過的餐廳。他討厭吃陌生的食物，只愛吃泡菜鍋、嫩豆腐鍋和大醬鍋這類老派的食物。雖然我不討厭這些料理，但偶爾也想吃辣炒年糕、血腸和炸物之類的小吃。男朋友卻很討厭小吃。我有時候也想去氣氛好的餐廳吃牛排或早午餐。可是因為男友討厭，所以約會時沒去過幾次那種地方。

現在偶爾見面還沒關係，不過，我一想到婚後每天要跟這種男人生活，不免有點煩惱。我知道要找到有能力、老實、善良且長相好看的男人不容易，因此更加苦惱婚事。

我們就這樣結婚是可以的嗎？真的能過上幸福的生活嗎？

A

為什麼那是缺點？因為歸類為「缺點」後，就能要求對方改掉缺點，讓自己以後過得舒服吧。

首先，這名女性完全不尊重男友的生活方式和秩序。在一段關係中，自己和對方的生活方式不同，就把對方的生活方式看成是不好的，認為兩人之間的衝突和爭吵，都是為了改掉那個缺點的必要舉動，這種先入為主的觀念才是造成爭執的主因。反過來想，如果夫妻想要解決這類爭執，關鍵在於：**要尊重雙方差異**。

和擁有什麼樣生活方式的人結婚才會幸福？對方的個性會對婚姻滿足度造成什麼影響？

光從過往研究數據看來，一般女性和老實、有能力、有組織認同感、整潔乾淨的男人（就像這位女性的男友一樣）結婚，會得到相當高的滿足感。這是由於丈夫的組織認同感和老實性格有助預測未來年薪的變化，帶給太太生活安定感。

在經濟方面，若能讓女性感到生活無虞及安定，女性就會將對方視為適婚對象。下一步，就是確定對方是不是真的愛著自己。但在此之前，還有一項必須確認的重要事情：自己的心意。我想問這位女性：你真的愛你男友嗎？

人當然會有缺點。在婚姻中，另一半可能會生病、會因承受壓力而表現出脆弱、悲觀的模樣。明明是對方的性格特質，卻因為和我的標準不符，或者是我很難適應這件事，因此把它判斷成缺點，逼迫對方改正。說到底，是為了自己舒服。

有問題的不是男友，
而是對男友的生活方式擅自批評的妳。

結婚是為了彼此的幸福。比起期待對方帶給我幸福，我為了對方的幸福做出貢獻而努力，這才是婚姻，才是愛情。

沒人要求，但我發自內心地關心對方、珍惜對方的可貴、理解對方和照顧他的生活起居。無論是精神、物質、身體和經濟等各方面遭遇困境的時候，仍舊把至死不渝地愛著對方的責任和義務視為一種特權，主動地許下誓言。這才是婚姻，才是愛情。

你有這份心嗎？

對方的生活和個性如同硬幣的兩面，如果我無心接受對方的反面模樣，那就還不到結婚的時候。對方沒有要求我配合他的生活方式，我卻想要求對方改變生活方式，那麼真的還不到結婚的時候。結婚看的不是兩個人交往多久、是不是到了適婚年齡，而是**直到擁有尊重雙方心理和精神差異的心，也做好「愛人」的準備後，才是最佳結婚時機**。

這個世界上沒有十全十美的人。不只是男友，這位女性也一樣。對方是能照出我的模樣的一面鏡子。這位女性會對男友感到不滿，是因為看見了自己的樣子。

在我看來，有潔癖的不是男友，是這位女性。這位女性不想著如何與對方互補，包容對方的缺點，只是一味地感到鬱悶茫然。她無法無視心中那份鬱悶和茫然，正證明了有「潔癖」的是這位女性。

這位女性得認真思考，究竟是想把與對方結婚當成我得到幸福的手段，或是我會包容對方的缺點，把對方重視的事情也當成一回事地重視。

我想再一次單刀直入地問這位女性。

你真的愛你男友嗎？

所謂對方的缺點，是因為和自己的標準不同，或是難以適應，所以才說那是缺點，想藉此強迫對方改正，就像內文的女性一樣。

女性考慮結婚時，通常會優先考慮「經濟穩定性」和「對方是不是愛自己」。不過，另一件更要考慮的重要事情是：「我是不是真的愛對方？」比起「期待對方給我幸福」，結婚應該是「我想為了對方的幸福而努力」。這才是真正的愛情。

「準備要結婚了，我們卻一直吵架，有什麼方法能不吵架的辦完婚禮呢？」

婚前要籌備的不只婚禮，還有婚後幸福的能力

一對忙著籌備婚禮的情侶，準新娘想找出既符合自己的喜好，又兼顧合理預算的選擇，努力地上網做功課，卻總是和準新郎三天一小吵，五天一大吵。以下是一名擔心步入結婚禮堂前，先傷了感情的女性的故事。

面試前我們總會做足準備，不僅僅在面試服裝、鞋子、髮型和妝容等各方面傾注了大量心血，也學習怎麼和面試官打招呼、面試時的應答與自我表達的方法，還要準備工作必備能力。這樣一來，進了公司才能迅速熟悉工作環境，上手工作內容。

籌備婚事與找工作並無二致。男女雙方不僅要準備婚禮，也要顧及未來的婚姻生活。不只是物質方面，肉眼看不到的必備能力也要一起做好準備，這樣才能擁有健全

的婚姻生活。就像上班族必須具備職場會用到的能力一樣，準夫妻要預先培養的能力就是「共感力」和「溝通力」。

以下我要介紹一位二十多歲的女性案主的實例。這位女性是平凡的上班族，從和男朋友一起準備婚禮的初期就吵架，越到後期，雙方愈吵愈兇，這位女性擔心感情出現裂痕，向我諮詢怎麼正確籌備婚禮。

我一面上班一面籌備婚禮，每天下班和未婚夫碰面後，再一塊去處理各種結婚事宜，像是挑禮服、定妝髮和婚宴等，四處奔走，忙得暈頭轉向。儘管我們想簡單辦就好了，可是婚前準備的瑣事之多，真的沒在開玩笑。「攝服妝」——攝影棚、結婚禮服、妝容已經都是套裝方案，但光是比價就讓人崩潰。不過，問題出在未婚夫的反應。

明明所有的資料都是我找的，未婚夫只是跟著我前往，卻頻頻在一旁發牢騷：「幹嘛搞得這麼複雜？」、「拜託簡單一點。」、「幹嘛花這麼久時間？」、「拜託你快點決定！」、「好累啊！」我一忍再忍，直到幾天前，終於忍不住爆發，結果我們大吵一架。結婚是一輩子一次的大事，我想按我喜歡的風格來，又想符合婚禮的預算，所以才那麼謹慎小心。為了多看多比較，我趁上班的空檔瀏覽幾百個部落格，他卻不把我的努力當一回事，每句牢騷都像在抱怨和我結婚很麻煩，讓我很受傷。現在我們兩個都厭倦了，籌備婚禮的工作全面喊停。

到底要怎麼樣才能不吵架的辦好婚禮呢？

A 雖然求婚時說：「我會讓你幸福。」但沒有人能給另一個人幸福。

「不吵架的辦好婚禮」的確是個好的切入角度。但這位女性更需要銘記在心的是，**要尊重彼此差異，以及給對方拒絕的自由。「對待差異的態度會創造結婚生活的差異。」**

人類因相像而親近，因差異而爭吵。我們要想解決爭端，需要自然而然地接受、認可彼此的差異。

即將結為連理的兩個人會有相似之處，但也不乏相異之處，比如說，性別、生活缺點、家族文化、價值觀、慾望和滿足慾望的方式等等，就像多文化家庭一樣。

這位女性只考慮自己，想找出解決之道，卻沒有設身處地考慮準新郎的心。就算有解決問題的方法，她也只會站在自己的角度出發，欠缺解決紛爭的能力。結婚的真正意義是什麼？除了自己的需求和慾望之外，還有把對方的需求和慾望看得跟自己的需求和慾望一樣重要的心。

結婚前一定要想的兩個問題：

第一，我願不願意妥協，把對方的需求擺在我的需求之前？

第二，我真心愛著對方嗎？

為了被愛而結婚的女性比比皆是（男性也一樣），但因為這種原因結婚的夫妻，婚姻失敗的機率相當高。有人愛我固然重要，不過，結婚是我得愛對方才行。我一個人就能好好生活，是因為和對方分享生活會更高興，而不是希望對方帶給我幸福才結婚的吧？雖然人們求婚時習慣說：「我會讓你幸福。」但是，沒有人能讓另一個人幸福。

各位準新人，請一定要反問自己有沒有「我會把配偶的幸福和人生滿足度看得和自己的幸福和人生滿足度一樣重要，並願意竭盡全力實現」的心。我們必須檢視自己，當對方不能滿足我的期待，我是不是依然認為他存在的本身就值得我去愛、去感謝。

除了上面說的之外，籌備婚事的必備能力還有安撫傷心的情緒、道歉及原諒。兩個人各自擁有能化解壓力的興趣嗜好也很重要。另外，在實務方面，準新人必須重新檢視彼此的人際關係網，學習家務事和財務管理。最後要檢查：雙方是不是把彼此的心情放在第一位。

我會建議這位女性，不要覺得現在的爭吵很不舒服。紛爭可以讓彼此進一步理解，成為更加相愛的機會，還能建立更深的信任。

像這位女性的情況，解決紛爭的溝通方式是尊重雙方的立場。聽到對方的話語時，不要一個人瞎揣摩對方的心意，在確認對方真正的意思後好好對話。假如等到事情已經變成既定事實，對話時不免帶著激動的情緒，將影響溝通的成效。

人們會生氣，往往是因為自己妄下結論，逕自判斷對方不符合我的預期，也不按我的意思行事。如此一來，對話目的是「調查」，而不是確認，所以對話難以延續下去。

此外，像是「我不是不在乎婚禮，只是厭煩了」的話語，也要慎重使用。說者無心，聽者有意，哪怕只是說「我只是希望辦得簡單一點」，稍有不慎，有可能會被對方聽成「才不是。你根本覺得跟我結婚不重要！」我希望對方能如我期待但卻受挫的時候，當然會感到傷心，但在傷心之前，把自己一廂情願的想法當成了事實，無視對方表達的真心，才是造成溝通障礙的主因——這種胡思亂想就是下一章會介紹的「悲劇主角症候群」。

為了不讓受傷的心再次受傷，如果能擁有表達內心真正期望的「自我表達能力、處理事情的方式」、承認雙方差異的接納態度，還有妥善分配兩人責任的能力，在溝通上會順暢許多。

我們偶爾會聽到有人抱怨「只有我一個人在辛苦」，這是因為信不過或不滿意別人處理事情的方式，所以無法把事情交給別人的自己所導致的結果。

男性也會因為情緒和精神上的壓力感到疲憊。

男性通常較不擅長表達自己內心的期望，比方說男性對女性說出「好麻煩」時，最好謹慎一點。一個弄不好會被聽成「你好麻煩」、「和你在一起讓我覺得好麻煩」。人們通常覺得厭煩的時候，往往是因為太累了，需要休息的時間。這對準新人都是一面工作，一面準備婚事，嚴重消耗心力。雖然大家普遍認為男性的生理體力比女性好，不容易疲倦。其實不是的。面對情緒和精神上的壓力，男性們一樣容易感到疲憊。

我建議當你感到疲倦的時候，不要說「你讓我很煩」、「都是因為你我才這麼累」這種推卸責任的話，而要改說「我覺得很疲憊，是因為我需要休息，需要喘息的空間」表達自己的需求。還要記得時時肯定對方的辛苦和努力，對對方的心情表示感同身受，這些話強調再多次也不為過。像這對情侶的情況，兩個人都因為工作精疲力竭之餘，還要花力氣準備結婚。人在疲倦的時候，想法會變得狹隘，很容易覺得只有我在辛苦。這是一種「『為什麼只有我……』症候群」，認為壞事都只會發生在我身上。

爭吵是雙方一起找出雙贏方法的捷徑。壓力過大的時候，比起處理好事情，更要優先照顧對方的心情。這是我認為的準備結婚與婚後生活的聰明之道。

一生只有一次的結婚，婚前準備非同小可。但是，大多數人往往偏重婚禮籌備。為了準備攝影棚、結婚禮服、妝容、蜜月旅行和新婚房，準夫妻必須仔細看過幾百個部落格，親自貨比三家，東奔西走。光是外在的準備就已經累慘準夫妻了，稍有不慎，還會為此吵架。

然而，婚前準備不是只有婚禮籌備，也要準備婚後生活。希望各位能把「理解承認兩人差異」、「傾聽和共感的能力」、「表達自我能力」一併放進婚前準備項目。

第二章

婚姻關係

當你覺得都是對方的錯時，
更要好好說！

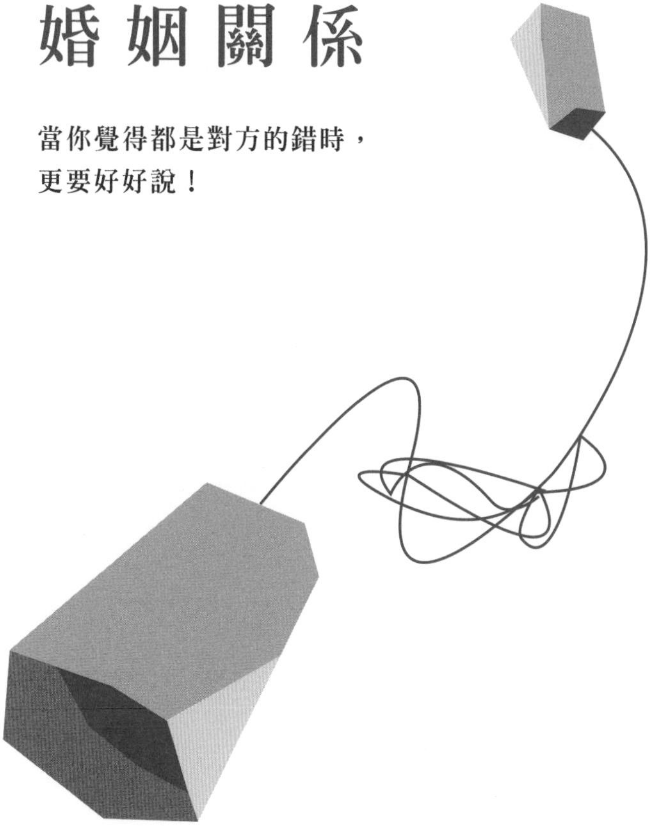

「先生幼稚的玩笑，讓我很受傷。就算我生氣，他也從不道歉。」

你是因為想被愛才結婚的嗎？

一位談了三個月的戀愛，就不顧娘家的反對結了婚的太太，全憑對先生的信任，來到陌生城市定居。然而婚後，太太常因為丈夫愛開不適當的玩笑而傷心生氣，先生卻一貫採取沉默的態度來回應太太的怒火，於是陷入每次吵架都是太太主動求和的惡性循環。

各位認為，婚後多久會出現婚姻危機呢？婚姻危機和結婚幾年無關，通常在第一個孩子出生後的一兩年，最大的婚姻危機會找上門。當自己和配偶的狀態都不好，你一句我一句的小摩擦，加上對方的反應，種種雞皮蒜毛的小事累積在一起發酵，最終讓婚姻走到無法挽回的地步……這種情況屢見不鮮。解決婚姻危機需要一點知識和技巧。

有一次，一位媽媽來找我，說自己回到職場工作將近一年，有著兩歲大的孩子，蠟燭兩頭燒之餘，丈夫卻是最令她感到心煩的存在。

「我先生真的是口無遮攔，老是開那種讓人不舒服、感覺不被尊重的玩笑。每次我為此生氣，他就安靜不說話。他本來是沉默寡言、善於傾聽的個性。婚前，我很喜歡他這種個性，他願意聽我傾訴煩惱，幫我想辦法解決，非常可靠。他真的是很棒的男朋友。所以，交往三個月後，我就不顧父母反對，和他組織家庭，並搬到了無親無故的陌生城市。」

千辛萬苦才共結連理，先生現在卻時不時用無聊的玩笑，傷害太太的心。不過，真正的問題在後頭。太太被惹毛而大發雷霆的時候，先生就會不講話冷戰好幾天。每次都是太太疲於冷戰，主動開口求和：「不要這樣了。」最近，太太死撐好幾天，終於按耐不住，先發了訊息。

太太：到昨天為止，我們都還沒說過話。你愈早道歉，對你愈有利。

先生：一天到晚氣氛都冷颼颼的。我不說話是怕你不管三七二十一就發飆……我是說了你幾句，但是，先發飆的是你。我只是開個玩笑，哪有被打的人先低頭道歉的道理。

看到先生一大串的回應，太太無言以對。太太認為先生的話是偽裝成玩笑話的語言暴力，而自己發脾氣是正當防衛，先生當然應該道歉，給予自己尊重。先生卻回說是太太平常一直想太多，自己總是在配合太太。比如說：

太太：我最近是不是胖了？

先生：……對啊，胖很多。豬都要跑來跟你交朋友了。（吃著晚餐，沒頭沒腦地又補一句）吃那麼多當然會胖。

先生的話傷了這位太太的心，於是太太發脾氣，先生卻不再說話。太太討厭先生只要遇到對自己不利的情況，就習慣採取沉默的態度，也很討厭自己總是主動求和，有種先低頭先輸的感覺，非常難受。難道今後要一直過著包容忍耐、哄老公的生活嗎？太太很是煩惱，甚至嚴重到考慮離婚的地步。太太哽咽地問：「要怎麼克服這個難關？」

A 先主動求和的人，是更成熟的人。

太太因為先生的玩笑話受傷的同時，先生也可能被太太的氣話刺傷。即便是正當防衛，但傷害人的話，會在對方心中留下一輩子的陰影。成人就應該表現出成熟的負責態度，知道怎麼調節生氣和煩躁的情緒後，再進行理性的表達。這正是孩子和成人的差異。

「誰先主動求和，誰就輸了」這種想法也得改掉。事實上，先主動求和的人，是愛得更深、懂得用更成熟的態度去愛人的人。這位太太結婚的目的是被愛？還是愛人？顯然她的結婚目的更傾向於前者，所以才會產生這種煩惱。但如此一來，這場婚姻的本質就不是愛，而是一場交易。

這對夫妻戀愛三個月，為愛閃電結婚。由於太太現在生活在沒有親朋好友的地方，她迫切需要先生的愛與支持。先生每次的沉默，都會讓太太感覺像被拋棄般寂寞，加上沒有可以傾訴心聲的地方，使她更加鬱悶。一旦後悔結婚，也只會被說：「看吧，誰叫你當初不聽我們的話！」太太只能陷入深深的絕望。

但是，陷入絕望的太太一心認為錯在先生身上，所以才克服不了難關。太太得先掌握先生的真實意圖，問先生：「老公你對我說『豬會跑來跟我交朋友』這句話，為什麼這麼說？」接著，如果先生回答了，請不要否定他，直接相信他吧。如果太太無論如何都不相信先生是出於好意，一心認定先生在嘲諷、捉弄她呢？那是因為太太被主觀意識影響，卻忽略這可能不是事實。

現在我們換個角度看看，太太該不該為傷害對方的言行舉止道歉呢？雖然她不是故意傷人，但言行舉止依然傷害到對方的心時，真誠地道歉才是上策。我傷了心固然重要，但懂得關心對方因我受到的傷害，才是成熟的愛情。

男人也會受傷。比起一句「對不起」，不如這樣道歉怎麼樣呢？

「我太生氣才那樣說，如果傷到你的心，我很遺憾也很後悔。你配合我，我很感激。但是，在我累的時候，聽到你說那些話，會讓我覺得你不愛我，會很傷心、很鬱悶。我能相信、依靠的人只有你。下次我感到疲憊的時候，我希望你能叫我依靠你。」

滿心期待得到更多的愛，而許下的「我愛你」誓言，都是「謊言」。

戀愛時，女性們對有好感的異性吐露的傷心事多於開心事。那時，男人如果對這名女性也有好感，就會用心傾聽，替她想解決的方法，博得心儀女性的一笑。對男人來說，女人的笑容代表著自己很有能力，在對方身上付出的心力得到認同。

男人說話喜歡裝腔作勢。一旦女人的反應很正面，男人就會覺得獲得認可而幸福，為對方赴湯蹈火，在所不惜。而女人是為愛而生的存在，女人會把男人這種赴湯蹈火的態度當做是「愛自己、珍惜自己」的表現。

世界上無數的語言中，最美莫過於情話。戀愛時，兩個人都期許這段戀愛關係能形成一個良性循環，各取所需，是以陷入相愛的錯覺。為了保有對方的愛，從愛情到步入婚姻，許下與自身期待相悖的結婚誓言——「我愛你」，另一個名字是「謊言」。

婚後，老婆每晚找老公吐苦水，期待老公能像婚前一樣反應：「有什麼能幫你的嗎？」可是，老公卻急著說幼稚的笑話，企圖逗樂老婆。狀況不好，又感覺被老公敷衍的老婆，反而更難受，笑話聽在耳裡也沒那麼有趣了。同樣的情況發生多次，老婆一忍又忍，終於一口氣爆發。

老婆生氣的模樣，則讓老公感覺好像被瞧不起（？）。生氣和嘮叨一樣，生氣時的聲調表情，不但會對生氣當事者的大腦產生影響，也連帶會影響對方的大腦，導致男人的前額葉皮質[1]當機，說不出話來。反之，生氣會讓女人反應變得更快，難聽的話像連珠炮似的傾瀉而出。但只要憤怒的情緒過去，馬上又變回溫柔多情，跟老公搭話，彷彿剛剛自己什麼也沒說過一樣。女人在心情變好的時候，會避免說出再次引起矛盾的話，省得回到先前劍拔弩張的氣氛。所以說，女人只有在生氣的時候才會積極表達自己。正所謂「女人心，海底針」，因為男人不懂女人的情緒變化很快速。

女人不能接受自己一發脾氣，男人就此長時間沉默不語。為什麼？因為沉默會讓女人感到「被拋棄」。

每當女孩子吵架生氣時，最激烈的表達就是「我沒辦法跟你繼續了」，就像成人的「分手吧」、「離婚吧」一樣意思。女人一生氣動不動就把這種話掛嘴邊，跟媽媽的「吃飽沒？」是差不多等級的口頭禪，卻不知道男人聽到這種話也會受傷。女人吵架時，最具殺傷力的話就是「我不想跟你說話，所以你也不要跟我說話！」

她真的是要你「不要說話」嗎？女人們心知肚明，這句話的真實意思是「快點道歉。說什麼都無所謂，總之你先開口！」可是，男人把氣話當真，她說不要跟她說話，所以，「她不開口，我就不開口」，並且過得逍遙自在得很。因為男人不善言語表達，傾向用行動處理事情。這種時候，男人會企圖採取肢體接觸，或是說一些討好的話語。女人正在氣頭上，男人卻在這時表達（自以為）強烈愛意的言行，說出「給我飯」、「我出去玩玩再回來」、「上床吧」這種話，無異於自找死路。

---

1. 大腦的指令與管理中樞位於前額葉皮質，在正常狀態下，它有如控制中心，會抑制較基本的情緒與衝動，但是一旦面臨壓力，前額葉皮質可能會暫時停止運作，此時會感受到腦中一片空白、被衝動情緒掌控等。

老婆的話需要翻譯，
這些話背後的真實意思是「多愛惜我，把我看得更重要吧」。

老公不能把老婆的氣話當真，否則，誤會一點點地累積，最後會成為一條難以跨越的鴻溝。老婆的真心話是：

「老公，請愛我、珍惜我、寶貝我吧。用言語、行動讓我感覺到，打動我的心吧。每一天，就算我沒開口、就算我說沒什麼，也要仔細感受我有多累、多寂寞、多傷心。其實，我很愛你、很喜歡你，所以才不顧父母的反對，選擇了和交往三個月的你結婚。但孩子出生後，育兒和工作兩頭燒，太難、太累了，所以我的心情才會搖擺不定，常常後悔我當初的選擇。

「老公，請緊緊抓住我吧。讓我能說出自己的選擇沒有錯，讓我能告訴父母我是如此地被你愛著，要他們不用為我擔心。我知道我們都有不足的地方，但我們只有彼此了。就算你不開那種敷衍的輕浮玩笑，我也早就因為工作和育兒而感到寂寞，身邊卻沒有可依靠的地方。

「偶爾對你說氣話，我很抱歉。就算這樣，請愛我吧。因為我也愛你。」

不管是在多生氣的狀況下而行使的正當防衛，也不應該對配偶抱怨或口出惡言，因為那會給對方留下抹滅不去的傷痕。

夫妻吵架，經常源於戀愛時種下的誤會。戀愛的時候，男人看到女人被自己的話逗笑，會覺得被肯定，所以當女人婚後吐苦水的時候，男人也想透過說笑話，讓女人趕緊開心起來。這時候女人沒能掌握男人真正意圖，就會發脾氣，「我這麼難過，你還講那什麼風涼話」，最終演變成夫妻爭吵。

談戀愛時彼此為了對方著想，努力想給予對方所需要的東西，婚後卻只想享受對方的愛。這對夫妻有必要想一想是因為愛才結婚，還是因為想被愛才結婚。

「我獨自承擔養家和育兒的責任，和老公也相敬如冰……我活得好痛苦。」

你是不是把自己當成「全世界最可憐的人」了？

這是一位結婚十年、有著雙寶的偽單親媽媽。這位女性哭訴自己一肩挑起育兒和家計，承受著家庭和工作雙重巨大壓力，老公又漠不關心，讓她非常傷心痛苦。當初未婚懷孕、帶球下嫁，如今悔不當初，跟老公之間有著難以溝通的鴻溝，導致她陷入困局。

Q

我是結婚十年的職業婦女，兒子一個十歲，一個七歲。插畫家老公在二寶出生前，從沒給過生活費，二寶出生後，一個月頂多給三十萬元（約七千兩百元台幣）生活費。很多時候就連這麼一點生活費都不給，我沒問過他詳細原因，搞不清楚他是心情不好，還是沒錢。這點錢光是付大寶的補習班學費就沒了，幾乎所有生活費都由我負責。

我基本上是個「偽單親媽媽」。平日五天，老公送孩子上學兩天，其餘三天是我和鄉下的娘家媽媽輪流照顧。娘家媽媽拖著病體，特地從鄉下上來顧孫子，不給孝親費就算了，起碼該說聲「謝謝」吧。老公嘴上說會看著辦，卻一直絕口不提，我們常常因為這件事吵起來。

我每天忙工作焦頭爛額，還有個差勁的上司。孩子生病要請假早退，都得看上司的臉色，甚至週日也要加班，才能保住工作。

老公週五晚上會照顧孩子，週六不知道上什麼課，總是一早就不見人影，很晚才進門。在家時養尊處優，躺沙發看電視耍廢。最近連每週例行的打掃都不做了。三餐到飯點就要吃，晚了就衝我發脾氣，說麵包是零食，堅持正餐就是要吃飯。吵架時，老公還會口無遮攔地對兒子說：「你們命不好，遇到這種媽媽，算你們可憐」之類的話。

最近，我時時刻刻都在考慮離婚。我跟老公是經朋友介紹認識的，當初因未婚懷孕就急著結婚，還不夠了解彼此便展開婚姻生活。同住一個屋簷下後，我發現老公的個性不是普通的差，我們常常一週講不到一句話，問他「我對你來說算什麼」，他只會回答「嗯」。做錯事也絕不道歉。幾年前開始，每句話都以數落我娘家的不是收尾。孩子們生病，就說我給他們吃錯東西、怪家裡太髒，我真的超級火大。

上週一，我拜託老公帶得流感的二寶去醫院，他反怪我沒先商量，自作主張就預約掛號，結果我們大吵一架。我每天要送兩個兒子上學，又要去上班。像這種一點都不體諒我的廢物老公，真的太討人厭了。

我們之間溝通不良，對話少的可憐，兩個人也都不想努力。育兒和工作兩頭燒的我再也撐不下去了。再這樣下去，我好像會把工作的壓力發洩到孩子身上，我不想變成這樣糟糕的媽媽，正在考慮要不要接受精神科治療。我沒有喘息的時間，老公對我不聞不問……生為女人是一種原罪嗎？我正在接受天譴嗎？要怎麼做才能擺脫痛苦？

A 把自己當成是悲劇女主角，只會加深痛苦。

「要怎麼做才能擺脫痛苦？」看起來問的是解決方法，實則不然。這位女性正在

哭訴自己的痛苦：「我很累。沒有比我更可憐的人了」。不過，「對。你真的很辛苦。你是全世界最可憐的人」這種充滿憐憫與同情的答案，真的是她想要的嗎？

當然不是。

人在生氣的時候，會用這股情緒力量做出破壞關係的行動。又叫做「悲劇主角症候群」，搖身一變成了小說裡的悲情受害者，急著揭對方的短，攻擊對方的錯誤，氣得顧不了大局。但是，這種做法真的能滿足自己的需求嗎？

這位女性需要練習如何準確傳達自己的意思，後面會一一針對這位女性的言語習慣問題去說明。在此之前，必須先覺察到「真正帶給我痛苦的是什麼？」，這位女性的痛苦根源是什麼呢？

一打二無後援，實質上是一家之主的職業婦女。按理說會埋怨孩子的出現，但並非如此，顯然這位女性是有責任感的人。儘管沒有愛情，但這位女性內心還是期待創造自己的幸福婚姻。看得出來這位女性跳過了婚姻最重要的部分就閃婚了。別說對婚姻生活的準備，這是一段彼此既沒愛情也沒信任基礎的婚姻，只剩下交易行為。因為沒有愛情的基礎，婚後更容易因為婚姻生活與育兒而心累，一打二的辛苦更是不在話下。許多人會問「要怎麼樣好好相愛？」，但談戀愛和婚姻完全是不同層次的問題。

> 因為自己的錯誤選擇，悔不當初，
> 無論如何也逃離不了這座名為「自我厭惡」的監獄。

這位女性的哭訴，不正是一座自我厭惡和悔不當初的牢獄嗎？放棄自己的人生，選擇結婚生子令她苦不堪言，再加上沒人在乎她因為孩子而放棄了人生，找不到能同理她的人更加深了她的痛苦。當時的她沒預料到，自己的選擇會帶來什麼樣的未來，而且這種看不到出口的未來也不是短期內就能結束的。

人們在過度疲憊的時候，為了平復心情，會啟動理智化防禦機制，企圖壓抑自己的情緒和需求，將其囚禁於合理化的城堡。還有，通常人們受傷就會把自己關入負面認知的世界中，用極端的負面角度剖析對方的言行舉止、背後意圖，以及遭遇到的一切。這個自我主觀的痛苦世界就是「自我厭惡和後悔的牢獄」。

這位女性想對自己結婚生子的選擇負起責任。可是，無論她多麼拚命掙扎，再也承受不住這份沉重的責任了。雖然她任勞任怨地帶孩子，但成為假性單親，當然會覺得累。如果和老公離婚，明擺著自己得一肩扛起家庭生計和育兒的責任，而當一個不負責任的人又是另一種痛苦。無論是結婚前墮胎、或是不結婚，或是現在離婚，她都無法從痛苦裡自由。

像這樣，這位女性進退維谷，一籌莫展，不得不回頭埋怨自己當初做的選擇。那一瞬間，她陷入了自我厭惡的牢獄。她說不定夢想著能回到某個特定時間點，或是睡到一半醒來，希望這一切都只是一場夢。但是，現實從來不曾改變，於是她自怨自艾，覺得全世界最悲慘的人就是我，她被困在自我憐憫的泥沼中動彈不得，以致看不清真實的情況，不斷地憤怒抱怨，把別人當成垃圾桶。

處於這種痛苦的人，經常夢想有朝一日，「碰！」一聲就能換個老公。新老公要嘛很會賺錢，要嘛心裡只有我。可是，這不啻是天方夜譚。那麼，面對這種進退兩難的情形，究竟該怎麼做才好呢？

不要把希望放在孩子或老公身上，希望是自己給自己的。

雖然很難，但我建議她不要再把未來人生的希望，寄託在孩子或老公身上，請從改變自己做起。**第一步就是原諒十年前的自己，必須用和現在不一樣的方式向老公表達痛苦**，我建議試著這樣說：「我後悔我當時的選擇。雖然很對不起孩子們，但我偶爾會忍不住埋怨他們。我很不滿意你做的事，也很傷心，但你卻一點也不理解我的痛苦。這讓我很鬱悶。我真正希望的是，在我需要幫助的時候，你能適時地伸出手。」

怨己怨人不是不可以，但那樣做，對自己有什麼好處？把困境解釋為「我是受害者，對方是加害者」，如此一來，就不需要改變自己，樂得輕鬆，還會得到別人的同情：「是啊，你真的很慘」，或是「那個人太過分了吧」。

這位太太得先放鬆心情，盡可能去做以「自我原諒」和「自愛」為主題的諮商，也建議簡單記錄每天的情緒和期望。每天寫下自己和老公的優點、一件感恩的事也不錯。要是寫老公的優點覺得太勉強，就先從寫自己的優點和感恩日記開始。

掙脫會摧毀關係的「都是他的錯」的言語習慣。

另外，這位女性對老公有「慣性否定」的傾向。世界上最可怕的人，就是像這位女性連問也不問，就逕自把「猜測」當做「定論」：「老公可能是心情不好，才不給生活費」。不給生活費就直接問對方為什麼不給生活費，男人不問是不會主動說的。

除此之外，老公平日五天中，有兩天送孩子們去上學，為什麼太太不給予肯定跟讚美呢？老公一週一次的打掃，為什麼講個一副沒什麼大不了的樣子？不是這位女性天生刻薄，她原本是不擅拒絕別人要求的人，是因為被傷了心，所以才會變了樣。

這位太太說自己工作繁忙，看來工作能力相當出色。一個總是很獨立的人，實則有著一顆依賴他人的心，無法拒絕別人提出的要求，事事都說好。這類人都擁有高敏感直覺，只要看一眼就能領會。這類人生氣受傷時，就會把情況套入自己寫好的劇本裡加以分析，就像這位太太說自己「遇到差勁的上司」一樣。這類人會因一次的偏見，主觀解讀對方所有情況，加上這類人說話時，會以自己的想法為前提，主導話題方向，壓根不相信對方的話。所以，和這種對自己判斷深信不疑的人交往是最可怕的。

另外，這位太太還得注意這些會毀掉關係的說話習慣，又名「都是他的錯」：

- 把一切「都」視為理所當然
- 斤斤計較「是」非得失
- 強迫「他」人
- 推卸自己「的」責任
- 處處愛比較、挑「錯」誤

這類話語最常出現在情緒受到傷害、自我需求和請求遭受挫折的時候。**當你愈常用這種方式說話，愈容易陷進負面情緒，喪失滿足自我需求的能力。**

這位太太習慣把自己失敗的責任轉嫁給他人，亦即，解決問題的方法不在她的手上，而在他人手上。「我」之所以傷心，不是因為「我的」需求沒得到滿足，是因為老公有意的差勁行為，所以把安撫「我」受傷感情的責任，推到老公的頭上。

最終，這位太太需要的是原諒自己、和自己和解、審視自己，恢復重新愛人的能力。這樣一來，才能好好表達自己真正的需求。學習好好表達內心，是她接下來真正該做的事。

女人生氣疲憊的時候，有一個壞習慣，就是把自己當成悲劇裡的女主角，恣意創作內容，口不擇言攻擊他人，不僅破壞關係也深陷自我厭惡的地獄，卻無法自拔。

這時候容易脫口說出：把一切「都」視為理所當然、斤斤計較「是」非得失、強迫「他」人、推卸自己「的」責任、處處愛比較、挑「錯」誤等話語——一言以蔽之，「都是他的錯」。重要的是要學會如何正確請求協助，並且好好接受別人的幫助，以擺脫泥沼。

「老公實在難以溝通，完全是豬隊友！」

結婚後，你還看得到對方的優點嗎？

這是關於生下雙胞胎，育兒和工作兩頭燒，亟需老公的幫忙，卻和老公溝通不良，非本意地變成偽單親媽媽的故事。

我是結婚三年，有一對未滿一歲的雙胞胎的職業婦女。我把孩子輪流託付給住得近的娘家和婆家，然後自己去上班。儘管如此，我還是需要老公的幫忙。申請彈性上班的我，一個禮拜有兩天上午班，直到深夜才能下班，而老公是輪班工作制。所以我們決定互相配合上班時間，輪流照看孩子。可是，老公的溝通能力太差，導致有一兩次我為此爆氣。比如說，明明已經告訴他調班帶孩子時間，他卻充耳不聞，之後裝作好像第一次聽到要調班的事，跟我反駁。

幾天前，是我們固定把孩子托給婆家的日子，正好小姑帶她的孩子去玩。如果婆婆早點告訴我，我可以把孩子送去娘家。結果那天婆婆累壞了，打電話給我抱怨說照顧這麼多孩子太累了，為什麼還把雙胞胎送去她那邊。我問老公怎麼一回事，老公說不知道。後來我才曉得婆婆早就發訊息告訴老公不要送孩子過去，他卻隻字未提，我真的很無言。

我跟老公就連日常生活對話都溝通不來。我早就放棄跟老公形成共識或者是深度對話。其實老公非常聰明，是一流學府畢業，在很好的職場工作，工作能力也受到上司的肯定。所以新婚的時候，我還想過「這是怎麼一回事？是瞧不起我嗎？」

其實跟老公分配上下班時間不是什麼大事，可是對我們來說是非常重要的問題。我們彼此的上下班時間需要互相配合，才好換班帶孩子。感情不睦也就算了，但連基本的溝通都成問題，我真的太鬱悶了。我常常在想我為什麼會跟這種人結婚。無論再怎麼努力體諒忍耐，苦苦掙扎，很多時候還是因為老公把事情變得一團糟而火冒三丈。就算人家說男女大腦結構不一樣，可是，真的有人能理解這種人的想法嗎？連基本的溝通對話都有障礙，我真的要瘋了。

老公真的是豬隊友嗎？

這位太太生氣的真正原因，不是因為老公資訊表達有誤，也不是因為溝通不良。而是「我居然跟豬隊友結了婚」，由於「人怎麼能做出這些事？老公跟一般人不一樣！」的想法導致心累。換句話說，老公不符合她對人、對配偶的期待，所以生氣。

若想過著幸福的家庭、職場生活，就得理解我們都具備不同的特質。帶著「我是對的，你是錯的」、「我是正常的，你是不正常的」的眼鏡，只會給自己帶來不幸。看待彼此差異的態度，會創造出不同的關係。

人與人之間的性格差異是默記科目，而不是理解科目。默記科目的特性是背了又背，一回頭還是會忘，所以要反覆默記才行。一旦放棄默記，成績就會一落千丈。既然如此，究竟我們該以理解為優先呢？還是以默記為優先？有很多資訊需要反覆默記後，才能進一步理解。所以說，我們終其一生都得學習和熟悉不同個體在日常生活中顯露的性別和性格特性。此外，每天持之以恆地探索全新的自我、理解自我也很重要。

人們得了解自己與他人本質的不同之處、個體差異的優缺點。最重要的是，人們嘴上說著想了解對方，卻容易因為自以為理解對方，進而陷入試圖改變對方的謬誤中。

和對方的差異不是問題。你對於那份差異的「包容力不足」才是問題。

人們總是打著理解的名義，評斷個體的性格差異。舉例來說，我們藉由分析不同血型的特性，從而得到「他是A型，所以很小心謹慎」、「果然沒錯，AB型人很瘋。」、「因為是B型人，所以個性自私」等結論。到底我們做這些判斷和分析的真實意圖是什麼？大部分是想表示「你這樣是錯的，要改掉才行。」

不過，這類知識只有在我更愛對方，想幫助對方時使用，才是真正有益的，否則就會造成傷害。同理類推，職場上亦是如此。相較於性格相投的上司和下屬，截然不同的性格反而更能激盪出火花。

不曾經歷卻能自我醒悟，從而學習的人是最優秀的。其次是透過別人的經驗學習的人。接著，第三優秀的是藉由親身經驗而學習的人。至於有經驗卻一無所得的人嘛……

這對夫妻的個性迥異。實際上，有百分之八十五的人結婚是因為感受到不同的個性魅力，但婚後生活卻因這種差異而逼瘋自己。受不了的原因不是因為彼此間的差異，**是因為本人對那份差異的包容力不足，是因為對於與自己不同的性格特質，缺乏變通的心態和對策**。這位太太不為了理解老公、與老公協調而真心實意做出努力，只是逕自臭罵老公是怪人，使這位太太變得不幸的正是她本人的態度。

還有，不了解兩性大腦結構的差異，也是讓這位太太難以理解老公的原因之一。就像不相信「地圓說」，堅信「地球是平的」的人，一旦遇到問題，錯誤的知識只會使情況變得更棘手，卻不曉得從根本判斷上就出了錯。這位太太需要了解兩性的異同，從而找出更好的應對方式。

男人們的大腦不擅於多工處理任務，一心只能一用。在手邊專注的事告一段落之前，男人記不住中途傳來的訊息。還有，男人們通常很難記住不用嘴巴，單用眼睛接收的資訊。另外，由於男人承受過大的壓力時，前額葉皮質[2]會當機，所以回答複雜問題的能力和問題解決能力也會連帶變差。

這位老公看起來性格溫和，有強大的包容力與創意，但不重視支微末節，往往憑感覺來判斷時間，在傳遞情報的細節有所不足。比起說話，圖畫能讓這類人更自在。比起他說了什麼，要看他的實際行動。一般而言，男人不如女人擅長用具體語言表達行動與行動結果。

對待老公不能像對小孩和下屬一樣。

這位太太的優點是有條不紊，有計畫性。另一方面，對「是非曲直」有所執著。然而，對出乎自己意料之外的事會讓她感到壓力。對家務、育兒和工作力求完美的傾向，源自於她守時與講究效率的性格。不守時是她最大的壓力來源，因此，每當碰到

2. 同註1，第四十五頁。

這種時候，她會把配偶當成小孩或下屬嘮叨。這部分是她需要改變的地方。

這位太太要專注於另一半的性格魅力點，多看他所帶來的好的影響。因為性格不分好壞，只有好的一面和需要成長的一面。必須承認配偶好的一面，也要接受配偶身上令她覺得心累的特質，才能真正解決困境。另外，這位太太必須培養變通心態，承認夫妻雙方有著不同的優點，分工合作，各自擅長的事情就交由各自解決。

工作和育兒兩頭燒的女性，因為同床異夢的老公，背負沉重的壓力，因此譴責老公是豬隊友，這不難理解。

可是，用理解代替譴責才能真正解決問題。弄清楚自己與老公的差異，才能找出解決問題的方向，知道自己有哪些地方需要加強。不努力協調夫妻關係，一味臭罵老公，只是讓自己陷入不幸的循環而已。

「老公的行徑常常讓我感到很丟臉……我在想我是不是被騙婚了？」

騙你的不是別人，是你自己

這是因為老公輕佻的言行舉止，還有缺乏文化素養，使老婆感到失望的故事。老公既沒有基本常識，又常常做出沒教養的行為，以致於老婆感覺被騙婚。

Q

我是結婚四年，沒有孩子的家庭主婦。身邊的人都覺得我既不用養孩子，和老公感情又好，兩人像好朋友一樣，過著甜甜蜜蜜的生活，但外人的想像和事實有出入。我跟老公從頭到腳都不合，讓我很心累。老公出身名門大學，是典型的學歷菁英，如今從事會計師的工作。可老公貌似聰明，實際上卻完全不然，偶爾冒出的無知言論，讓人很厭煩。雖然他不賭、不風流，也不會動粗，可是他說的每一句話，做的每一件事都讓我很煩躁。

新婚時，我覺得「遷就的很累」的部分，到現在一點都沒有改，我已經再也忍不下去了。最重要的是，我太討厭老公輕佻不莊重的言行。尤其是在別人面前，面不改色地說一些奇怪的話，我恨不得找個洞鑽進去。比方說，他會指著街上的路人大聲訕笑：「髮型太搞笑了吧」、「衣服怎麼是那種顏色？」聲音大到對方聽得到的程度，害我很難堪。實在太沒禮貌了，我拜託他小聲一點，他卻拉下臉回說只是開玩笑，我幹嘛那麼認真。我居然是這種人的太太，真的太討厭了。

此外，我喜歡看書，也很享受展覽或音樂會之類的藝文活動。可是，老公對這些事完全不感興趣。有時候，跟老公分享這些事，老公的無知讓我瞬間說不出話。所以，我們夫妻的交流僅限於簡單的日常起居，諸如「吃飯吧」、「看電視吧」、「睡覺吧」。

幾年下來，我不知不覺變得瞧不起老公。老公偶爾會因此生氣，最後升級成大吵一架。還記得有一次，我的朋友說了句「我的家人都很粗線條」，老公誤以為「粗線條」是鄉下方言，嘻嘻哈哈地嘲笑她。我朋友好好說明了粗線條是標準語，但老公拉不下臉承認錯誤，繼續嘴硬，我因此覺得太丟臉，唸了他一頓。我老公總是這副德性。

戀愛的時候，我到底喜歡他什麼地方才嫁給他的？再這樣生活下去，累積的壓力愈來愈多。我很羨慕那些能跟另一半成為知己的夫妻關係。我們不能變成那樣嗎？

A 會有被騙的感覺，是因為婚前對方的優點，婚後變成缺點了。

有道是「婚前睜大眼，婚後閉隻眼」，但現實往往反其道而行。婚前在情人眼裡是紅玫瑰，婚後變牆上一抹蚊子血，所以才會說「被騙了」、「變了」。雖然被騙和變了是不同的意思，不過，會有這種感覺的原因很類似。

當我遇到像這位女性一樣，只看得到老公缺點的人，我總會問一個問題：「戀愛的時候，你喜歡他那些地方才結婚的？」每個人都會回答我，婚後的缺點曾經是婚前的優點，當初因為優點才結婚，可婚後卻因此吃足苦頭。真的進入婚姻生活後，才領悟婚姻生活中另有重要的事。這算不算是被對方騙婚了？

沒錯，的確是騙婚。重要的是被騙了什麼。這位女性不是被老公騙婚，是被自己騙婚。年輕人很愛問我的問題之一就是：「要和什麼樣的人交往才會幸福？」我每每以反問替代回答：「你是怎樣的人？」，還有「你喜歡什麼樣的人？」

縱使天底下有無窮無盡的寶物，但按個人的興趣、偏好和關心範圍，對你而言，那有可能是寶物，也有可能是垃圾。**重要的不是東西的好壞，是「我」能接受什麼、不能接受什麼**。

這位太太問了「我們戀愛的時候，我到底喜歡他哪一點才結婚的」，對吧？人們找結婚對象的標準有幾項。普通人可能會看外貌和職業，女性則認為「愛不愛我」很重要。這位太太很可能在「愛不愛我」的部分，感受到性格南轅北轍的老公的魅力。

這位太太是內向型／直覺型／思考型／判斷型，而先生是外向型／深思熟慮型／包容型。內向型人格容易喜歡上外向型人格，被他們的優點吸引。可是，內向型人格非常注重秩序，擅長判斷該說的話、不該說的話和說話場合，會慎重表達自己的心情，討厭淺薄無用的想法，與輕浮膚淺的言行舉止。而這一類人不會向外表露出自己的想法，內心深處有個衡量事情的框架，慣於不動聲色地評價他人的言行，認為不顯露自己觀點是一種美德。

從休閒活動看來，性格內向的人喜歡高雅的興趣，而性格外向的人喜歡動態活動。這裡會產生一個盲點，婚前約會時，為了獲得約會對象的關注與愛，會對對方有興趣的事物假裝有興趣，掩飾自己真正喜愛的事物。正因如此，婚後才覺得受騙上當。其實很多時候，是因為對彼此的喜好不是真的感興趣。

談戀愛的時候，雙方不過是假裝有共同的興趣，實際上根本沒那麼在意對方的喜好。

我想問這位太太，什麼時候知道老公對自己的喜好不感興趣的？而太太有關心過老公的喜好是什麼嗎？兩位喜好不同的時候，得努力挖掘共同的興趣。儘管交往的時候想都沒想過，但結婚會讓人自然而然地醒悟自己對婚姻的基本認知是什麼，或者對浪漫的看法是什麼？又或者其他重要的期望是什麼？透過婚姻，這位太太發現自己渴望被滿足的重要欲望是什麼了嗎？

在此，**我要追問一個本質性的問題：人為什麼結婚？**交往的情侶時時刻刻都想黏在一起，因為在一起很有趣，想甜蜜長久分享那份樂趣與日常生活，所以步入禮堂。這位太太想跟老公像老朋友一樣生活——什麼是老朋友？老朋友就是多年相處的無話不談、吃喝玩樂的朋友，對吧？如果這對夫妻想像老朋友一樣生活，該怎麼做才好？

我想問這位太太婚後四年，你們還有繼續約會嗎？我想這時候，有孩子的人一定會反問：「幹嘛約會？」

按這位女性的標準，她認為自己比老公更有知識和文化素養，在這裡我想打個比喻：全校第一名和全校最後一名能當朋友嗎？兩人要怎麼做才能成為好朋友？人和人之間要想親近，必須一起從事活動，讓相處的時間變多。還有，最重要的是分享情感。要一起玩什麼才有趣？女人們喜歡聚在一起聊天，男人們喜歡戶外活動。當男女分享自己的感情和需求，感情自然會拉近。

找出適合夫妻一起從事的有趣活動吧。

這位太太之所以只看得到老公的缺點，是因為這段日子忍氣吞聲、心情太糟糕所導致的。試著用言語表現這些情緒吧。無論是寫下來，或是告訴同理心高的朋友也好，或跟朋友一起從事有氧活動，都可以是幫助心情轉換的好方法。

請檢查下面的項目吧：

- □ 現在會和老公約會嗎？
- □ 目前為止，最喜歡的約會方式是什麼樣子？
- □ 以後想嘗試什麼樣的約會？
- □ 太太喜歡的約會形式？
- □ 丈夫喜歡的約會形式？

約會的首要目的是「兩人一起」，其次是「感到有趣」，所以找出兩個人能一起從事的有趣活動很重要。此外，在從事這些活動之後，表現出感謝和喜歡的心情也很重要。建議這位太太一天找出一件自己和老公值得讚美和感激的事，如此一來，大腦才能擺脫負面情緒，搖身一變變成能發現老公優點的肯定型大腦。

知識性對話要跟志同道合的人分享，想拉近親密關係的距離，需要的是分享情感的對話。契合的性生活也很重要。肢體接觸和性關係是男女互動中的必經過程，這兩者其實是同一件事。試著從牽手、搭肩、擁抱的小動作開始吧，用身體做為傳達原始情感的手段，不須言語就能產生潤滑效果，進而享受在一起的感覺。

在此順帶一提，雖然這樣說很抱歉，不過，雙方是兩個不同的個體，評價另一半的興趣、嗜好、性格、行為幼稚無知的人，才是幼稚無知。每個人的喜好、態度和特性，只有不同，沒有孰好孰壞。所謂的優劣排序都是自以為優越的人創造的。雖說女人的感情層面相對複雜，看男人經常覺得「好中二」、「不知道在搞什麼鬼」，然而，這只是喜好的差異罷了，沒有優劣之分。

請尊重不同的喜好，省思自己的觀念。如果領悟不了「原來我是個愛批評比較的人啊」，就無法改善夫妻關係。

有很多感情很好的情侶，結婚後會哭訴「被騙了，對方變了」。但是，「被騙了，對方變了」的感覺其實是來自自己，而不是另一半。戀愛的時候為了獲得對方的關心和愛，會假裝有共同的興趣愛好，結果，情侶之間興趣愛好差距愈大，婚後愈容易感覺上當，覺得「對方變了」。

請記住，你們本來就是兩個不同的個體，評價另一半的興趣、嗜好、性格、行為幼稚無知的人，才是幼稚無知。

「老公天天和我找架吵，甚至大打出手……我選擇離婚是對的吧？」

吵架吵的好，關係沒煩惱！

結婚兩年的同齡新婚夫妻。本應是甜甜蜜蜜的新婚期，因為老公不尊重的態度、隨便的措辭，引起太太的不滿情緒，夫妻動手的頻率逐漸提高。來看看剛提出分手，並把老公趕出家門的老婆的故事。

Q

我二十多歲就和同齡老公結婚，是結婚兩年的頂客族家庭。我們從新婚開始就天天吵架，感情在頻繁爭吵中消磨殆盡，現在在鬧離婚。

平常老公都用「喂！你！」稱呼我，跟我講話也很隨便，還有做錯事絕不說「對不起」。反過來，如果我做錯事，他就會用威脅的語氣說：「喂！快道歉！說你錯了！」

老公總是要我乖乖聽話服從他，動不動就說：「閉嘴！」、「你給我出去！」

其實，籌備婚事時，我們就時常起爭執。因為彼此相愛，我以為是兩人一邊工作，一邊抽空籌備婚事，太過敏感而已，結了婚就會沒事。婚後確實有過短暫的幸福生活，只不過為時不久。從某一刻起，我們每天上演大大小小的吵架，嚴重時甚至會動手，事後往往想不起當時吵架的原因。直到前兩天我再也忍不下去，叫他收拾行李滾出去。

事情是這樣的。我們本來只是路邊小吵，可是事態逐漸嚴重，從小吵變大吵，互相說難聽話，我們不歡而散，我拒接老公打來的罵人電話，一個人回家。

不久後，老公回家搖醒睡著的我，大吼：「喂！你這傢伙！敢這樣對妳老公？」我覺得太荒謬，什麼話都沒回，直接無視他，翻身繼續躺著。他砰一聲甩房門出去，我看準時機鎖上房門。沒多久他跟瘋了似地敲門，最後拿備用鑰匙開門衝進來，我們開始正式大吵，拳腳相向……那時候，我真的覺得生命安全受到了威脅。

隔天上班前，我打包好他的行李，告訴他再這樣吵下去不行，請他離開。雖然新婚不久，但他每天都很忙，甚至無法好好一起吃頓飯，他的所作所為也從不考慮我的感受。老公今天早上也發來了分手訊息。我們就這樣分手是對的嗎？

A 如果我建議分手，真的就分手了嗎？你真的想分手嗎？

分手沒有對錯，不過這樣放著不管，兩位百分之百會分手。因為老公和老婆的溝通方式、彼此的相處方式和解決矛盾的方式過於一致，都很情緒化。雙方都用傷害對方的方式溝通，而且你們都有著責任轉嫁的心態。

要想改變這套慣性溝通模式，首先，你們必須學習生氣時不怪罪對方，控制自己的情緒，明確表達自身需求。如不這樣，維持現狀不變，一味宣洩情緒，把「分手吧」、「離婚吧」掛在嘴邊，就會演變成物理暴力，非得鬥個魚死網破，兩敗俱傷不可。

常有夫妻問「就這樣分手是對的嗎？」，問題背後的真正含意往往是：「我能做的都做了，對方還不知道自己錯在哪。你是專家，你替我做證，會分手全都怪對方。」

這位太太也是一樣的心情。

這位太太說老公要她以夫為天，某種程度來說，這不過是太太單方面的解讀和感受。在這種感受背後，隱藏的是不服輸的心情。事情過去後，想不起當時吵架的原因就是一種證明，意味著這是不具合理原因，只是宣洩情緒的吵架。

就算要分手，也要了解分手的原因，才能有機會重新和好，或是分道揚鑣後，不留隱患地和其他人好好地交往，不是嗎？

即將步入結婚禮堂的男女常有的錯覺之一是：盲目樂觀。這對夫婦覺得「婚前常吵架是因為籌備婚事讓雙方變得比較敏感，婚禮結束後就可以沒有壓力，開開心心，不再吵架。」只要結婚，婚前的溝通方式、態度和解決問題的方式等，就會自然而然地變得不同？婚前差勁的對待方式，婚後自能水到渠成地會變好？因籌備婚事而不合的兩個人，結完婚就會變得和樂融融嗎？

不會。

其實，在婚禮準備過程中吵架，是很正常的事。重要的是，每次爭吵過後，兩人的關係要往更穩固的方向發展。透過對話，逐步累積信任，用能讓兩人更親近的方式解決糾紛，才是「健康的吵架」。照這樣看來，這對夫妻沒能做到這點。

那麼，該怎麼做才好？

吵架的時候需要懂得「暫停」（Time-out）。請學習用下面的方式暫停吧：

首先，掌握自己需要暫停的信號。

會不會捏緊拳頭，臉紅耳赤？呼吸會不會不順？會不會想大吼大叫或是扔東西？會因為對方的激烈反應而全身僵硬，或是害怕地顫抖嗎？不管是什麼，請認得那就是和對方進行不了有建設性對話時，屬於本人的信號。

接著，請求暫停。請這樣說：「我太生氣了，現在不要聊下去比較好。我需要暫停。可以給我一小時，讓我冷靜思考嗎？」請記住你是為了自己而暫停，偶爾對他人說「希望你能暫停一下」也能起到幫助。

但有可能在需要請求暫停的當下說不出口。建議平時先和對方討論出現什麼身體動作，或哪種非語言訊息表達，代表需要「暫停」的信號。比方說，你可以事先把寫有「暫停」的紙條貼在冰箱上，假若碰到激動得說不出話的時候，就可以用手指著那張紙來讓對方了解。

夫妻是一個團隊。夫妻吵架要用雙方都同意的方式解決。

要怎麼度過暫停時間呢？

首要之務是緩解緊張，讓自己冷靜下來。深呼吸、做伸展運動、走路沖澡、寫日記、看書、禱告和看影片也是不錯的方式。讓自己確實感覺到腳踏實地，專注在身體知覺上。此外，請想一想你在什麼時候能消除緊張？做一些有助消除緊張、緩和心情的事。

接著，思考真正重要的事情，找出使對話碰上困難的想法、情緒，再透過「我訊息」[3]傳達這些想法與情緒，點出希望對方怎麼做。然後，空出冷靜的時間，換位思

---

3. 是以「我」開頭的溝通方式，從個人感受出發，加上客觀事實敘述，更能清楚表達自己的看法及期待。通常句型為「我覺得……（我的感受），因為……（客觀事實），所以我希望……（具體建言）。」

考對方的表達重點。兩人約好能進行更有建設性的對話時才來對話，並且尊重這個約定。請記住，夫妻是一個團隊，要用雙方都同意的方式解決問題，才能改善夫妻關係。

暫停一下，再重新開始對話吧。正面積極地傾聽、談論雙方需求，想一想什麼方式能同時滿足雙方需求，進而解決問題。

夫妻吵架時，如果雙方優先考慮自己的情緒，說出一些過激的話，就算是無心之言，也會傷害到對方（更別說是物理暴力），以致面臨婚姻破局。

吵架不是問題，問題出在兩人的溝通方式、對彼此的態度、解決糾紛方式、「誰也不想輸誰」的不服輸心態太過相似。另外，婚前兩人發生矛盾的原因，正是一種警訊。不要誤以為結婚就能解決婚前就有的問題。請學習透過摩擦，讓關係更加穩固的方法。

「受夠老公一吵架就離家出走，我猶豫該離婚，還是該為了孩子繼續留下？」

把離婚掛嘴上的你，真的想離婚嗎？

這是一位結婚六年，老公每次一吵架就離家出走，正在考慮離婚卻因為孩子而猶豫不決的太太。老公時常因為一些雞毛蒜皮小事就離家兩三天，人間蒸發，每次都是太太主動求和。但這次已經一個月沒消沒息，也不回家。

關於吵架，有一件事我們必須理解，那就是再相愛的兩人也會吵架。吵架原本是轉禍為福的契機。曾有某項研究以五萬對夫妻為研究對象，發現在幸福和不幸的夫妻中，最重要的差異是，雙方討論問題時能否理解對方的情緒。也就是說，**有沒有同理心與夫妻生活是否幸福息息相關**。

愈是幸福的一對，首先會深刻感受與伴侶的相互理解，認為兩人意見分歧時，能分享情緒和意見。其次，他們較能克服差異，在解決矛盾的過程中達成共識。最後，他們會真心地接受彼此不一致的觀點。在人際關係中，用健康的方式處理不可避免的矛盾，會讓關係變得更堅固。反之，用不健康的方式處理，關係終將走向破滅。

現在來看看這對處於嚴重爭執的夫妻故事。以下是太太的申請諮詢內容，老公一吵架就離家出走的情況已長達六年：

「我跟老公新婚的時候大吵一架，老公甩門離開，我太生氣，所以把門鎖起來，還以為他會在門外說：『對不起，幫我開門吧』。可是，老公卻直接上車走人。那是他第一次離家出走。之後，他彷彿把離家出走當成天經地義，短則一晚，長則一個月不回家。他一離開家就不接電話也不回訊息，非要我像瘋了一樣狂打電話、狂發訊息才勉強回來。一開始我很生氣，抱著『看你到什麼時候才聯絡』的想法，拋下離家的老公不管。可是，孩子發生臨時緊急的情況，只好打破冷戰先連絡他。

「其實我們的關係不總是那麼差。有時，晚餐時還沒事，但晚點一吵起架，老公就會走人，好一陣子不回家……我真的不知道該拿他怎麼辦。不久前，老公再次離家，而我因為身體出了狀況到醫院做癌症檢查。去完醫院，我發訊息告訴他這件事，但依然連絡不上他。等待檢查結果出來的那個禮拜，我真的非常心痛，『被老公拋棄了』、『原來我是一個人』這種念頭讓我很痛苦。我太過傷心，已經一個月沒連絡他，想好好地過自己的生活……我難道要一直等老公回來嗎？我難道每次都要當主動示好的那個人嗎？我甚至考慮過離婚，但想到孩子卻怎麼也離不了婚。我該怎麼辦才好？」

這位太太一邊考慮離婚，一邊問我「要等老公回家，還是每次都低聲下氣主動連絡老公」，她為什麼好奇這件事？我請她先冷靜下來想想，思索自己真正的期望。

A. 太太不是真心想離婚。

夫妻吵架必須先了解吵架的目的是什麼、我想透過這場吵架獲得什麼、我的言行舉止能不能有效幫助自己獲得想要的東西？吵架時說的話、做出的行動等，都是為了誘導對方完成我的期望。

所謂離婚，是放棄繼續維繫關係。如果真心想離，壓根不會考慮對方會不會因為我說的話和行動受影響（當然，也有人是為了讓對方痛苦而選擇離婚）。這位太太只是想理解夫妻發生摩擦的情況（該怎麼應對老公不回家的情況），代表她不是真心想離婚。

不止夫妻，情侶也有必要理解發生摩擦的情況，盡可能一起檢查以下項目：

1. 你認為吵架時另一半須負全責？ □是 □否
2. 你會刻意迴避和另一半的爭執？ □是 □否
3. 雙方解決問題的方式不同？ □是 □否
4. 對於彼此的相異難以懷抱著同理心，或是無法理解？ □是 □否
5. 兩人時常因小事演變成大吵嗎？ □是 □否

如果「是」多於「否」，表示兩人缺乏獨自解決矛盾能力。矛盾是人際關係中必不可免的事情。問題在於用健康的方式解決矛盾，還是用錯誤的方式解決矛盾。

對男人來說，女人生氣時說出的極端言詞和生氣表情，都意味著自己的無能，是致命一擊。

假若無法理解男女對待矛盾的態度、表達憤怒的方式，以及憤怒狀態的差異，就很容易誤解對方的行動，並帶來致命影響。因此，我們有必要理解兩性表達憤怒的方式。

男人生氣時，很難與人分享「憤怒」時的感受，寧願保持沉默。另一方面，女人生氣，容易說出極端的分手話，但其實反而更需要關心與愛的話語。

對女人來說，男人的沉默與保持距離代表「拋棄」，覺得自己的存在不受重視，無價值（這對女人來說是最大的引爆鈕）。相反地，對男人來說，女人極端的言語代表「無能」。由於我的無能造成心愛的女人感到不幸，而這件事似乎無從解決。加上女人的話從字面理解上就是拋棄的意思，傷心欲絕的男人會開始認真考慮分手。

像這樣，久而久之形成惡性循環，兩人的感情距離將愈拉愈開。縱使吵架的主題改變，相同的戲碼也會再度上演。這時，打破爭執的惡性循環是關鍵。

因此，我們需要了解兩性的情緒引爆鈕。**「你一事無成」**、**「不管你做什麼，我都不會肯定你的能力」就是男人的引爆鈕**，這類訊息會帶給男人極其致命的打擊。男人聽到這些話、接收到這種情緒，會想捍衛自身價值，從而進入防禦狀態。防禦的方式有逃跑、攻擊、無視等，這位老公的離家出走就是一種逃跑。

女人的引爆鈕與自身價值、關懷和愛情有關。女人聽到或看到「我不在意你」、「你是沒價值的存在」、「你一點都不惹人愛」這類的言語行為，會懷疑自我價值，從而進入防禦狀態，好比這位太太寧願一個人獨處，也不先主動連絡老公。

> **「因為孩子才連絡老公」是謊話，請告訴他「我想跟你好好相處」。**

女人會感到自尊受傷，是因為覺得自己愛得更深，就像這位太太。我們往往不會表現出失去對方就不能活的樣子，而是會找藉口說「因為孩子才連絡」。

那該怎麼做？

1 練習表露自己的軟弱

我們需要清楚知道自己真正想要和害怕的是什麼，並且對另一半表現出來。女人怕被拋棄，成為沒有價值的存在。因為這種恐懼，認為緊抓住一段關係的自己很可恥，其實不是這樣的。一般而言，造成矛盾惡化的主因是：**把「被愛」視為理所當然**。這位太太說自己「像瘋了似地連絡」，不過，連絡的內容也很重要，她究竟是說了「我想跟你好好相處」，還是說「你這樣做還算是人嗎」呢？不要拿孩子當藉口，要像個戰士一樣坦承真心話。

2 必須同理對方也是軟弱的

我們覺得有同理心很困難，是因為認為只有自己是受害者。在了解對方的情緒，進行同理之前，要先了解自身情緒感受，同時不因此感受到壓力。有很多人不清楚自己的情緒、感受，假若不懂存在於我體內的情緒，釐清失望與憤怒之間微妙且重要的差異，就很難理解對方的失望與憤怒。倘若一個人不懂自身恐懼，就更難察覺、同理他人的恐懼。

感知情緒本不易，要替情緒明確命名更是難上加難。幸好這位太太懂得如何表達情緒，「讓我覺得自己被拋棄了」。雖然不是真的「被拋棄」，可是感覺被拋棄會怎樣呢？會感到傷心難過又孤獨吧。這些情緒的背後意義是什麼？就是「需要對方」。如果要表達這種心情，就不能說「因為孩子，逼不得已連絡你」，得鼓起勇氣表達「我以後想和你好好生活，你怎麼想？」

3 面對面真摯溝通

雙方不要帶著情緒吵架，而是交換內心真實的感受。六年來反覆相同過程的兩位都需要時間，好好學習如何表達真實的情緒感受。

夫妻吵架天經地義，問題是吵得健不健康。

我們需要先明白，兩性表達憤怒的方式完全不同。男人生氣時，很難與人分享「憤怒」時的感受，寧願保持沉默。另一方面，女人生氣，容易說出極端的分手話，但其實反而更需要關心與愛的話語。

對女人來說，男人的沉默和保持距離意味著「自己沒有被愛的價值」；對男人來說，女人極端的言語意味著「自己沒用又無能」。

「我總是忍讓著脾氣暴躁的太太，但這樣子生活心好累。」

不是只有你在看她的臉色，她也是

這是一個結婚三年，因為太太容易暴怒，只好忍氣吞聲，看太太眼色過日子的先生的故事。這位先生的個性和太太截然不同，是個溫吞老好人。他好奇是不是每個人都跟自己一樣忍耐過日子。

Q

我因為個性南轅北轍的老婆而心累。我的性格溫和，而老婆是有話直說的個性。婚前覺得老婆的直爽性格很有魅力，因此我跟沒有任何相似之處的老婆結了婚。我的個性溫和、小心嚴謹，沒辦法拒絕別人，也不常發脾氣，凡事先考慮別人心情，謹慎行動，所以覺得有話直說不隱藏的她很吸引我。

可結婚三年以來，跟相反個性的她相處並不容易。舉例來說，她想出門吃飯，我因為累而拒絕的話，她就會爆發，生氣扔下包包，衝回房間砰地鎖上房門；我把家裡弄亂或弄髒，她會火冒三丈，高聲嘮叨。總之，只要不順她的意思就會立刻發火。

實際上，老婆不生氣時真的文靜又善良，所以，我被搞糊塗了。是我真的犯了大錯而不自知才讓她這麼生氣，還是她病了？我現在過著畏首畏尾、看老婆臉色的日子，其他人也是這樣過的嗎？

A 不是每對性格相反的夫妻，都過著有人必須忍耐的生活。

演藝圈最常見的離婚理由是「性格差異」。結婚的時候，相較於性格相似的人，有百分之八十五的人會受性格不同的對象吸引，因此，夫妻間感覺到性格差異是很正常的。結婚多年的夫妻如何看待性格差異是很重要的，決定了你們是「幸福美滿的生活」還是「彼此保持距離的生活」。

相較於性格差異，更重要的是，承認兩人的差異不會改變，承認本性難移，承認彼此的不同。其次重要的是，溝通交流和解決矛盾的能力。

兩人都欠缺自我表達的能力。

這位老公說夫妻性格南轅北轍，不過，兩位似乎都欠缺表達自己意見的能力。自我表達是溝通交流必備的能力。所謂的「自我表達」是什麼？絕對不是固執己見，而是**用言語坦率表達自身情緒及需求的能力**。

老公是好好先生，老婆是母老虎，這兩種性格都缺乏表達自我的能力。兩位都無法好好表達自己的想法，互相看對方臉色，習慣迴避衝突。這類性格的人不喜歡被人拒絕，因此會勉強自己配合對方，很難建立一段健康的關係。

看別人臉色的老公沒辦法直言不諱地說：「你這樣生氣讓我很累，很害怕」，明顯缺乏「你不要發這麼大的脾氣，好好地說出你的需求」的請求能力。

老婆平常文靜體貼，一旦滿足不了需求就會生氣罵人。很有可能老婆平常也跟老公一樣，看老公臉色，屢屢配合老公，不懂得表達自己的真實需求，事情發生當下一忍再忍，直到臨界點，過去壓抑的情緒才突然地爆發。

兩位都具有同理心，要改變現在的困境，就得多製造愉快的時光，並且練習表達自我。

這對夫妻要怎麼做才能克服現在的情況？

首先，兩位需要多進行讓雙方心情愉快的活動。在兩人心情愉快的時候，肯定、讚美彼此的優點。此外，還需要做表達自己內心話的練習。

兩人都是慣於忍耐的個性，都是會考慮他人的感受，看人臉色，具有出色同理心的人，只不過老公比較死板罷了。

至於怎麼改善老婆愛罵人的個性呢？**老公在老婆心情好的時候，試著這樣說：「不**

要忍耐，把你平常的需求說出來」。老婆心情好的時候，也告訴老公自己想要的吧：「我希望你能這樣做。」如果平時不進行說話練習，兩位只會放在心裡煩惱，感到寂寞。逐漸地，兩位會渾然不知對方跟自己有著相同的煩惱。

看對方臉色會導致關係中「產生距離」。

老公說自己個性謹慎，不擅在人前表達自己的想法，也不愛發脾氣。為什麼會這樣？為什麼會害怕表達自己的意見呢？因為怕發生摩擦。我想叮囑這位老公，不要害怕摩擦，該害怕的是自己對摩擦的錯誤看法，以及爭吵能力不足。

活得坦率一點吧！因為坦率產生摩擦也沒關係！

像這位老公一樣，不願被人拒絕的人，通常認為表達自己的需求很自私，並且認為憤怒是不好的，忌諱表露情緒。這兩點都是錯誤的認知，因為情緒不過是為自己的需求傳遞挫折或滿足的信號。請記住，所謂找到同時滿足夫妻需求的方法，是牢記彼此需求，準確對焦，以符合其期望。

假若夫妻繼續互看臉色，將會付出相同代價：夫妻之間「產生距離」。這難道不是夫妻關係中最令人疲憊的事嗎？

因性格不合而吵架的夫妻屢見不鮮。人往往會被與自己不同性格的人吸引，但卻不知道差異必然伴隨著磨合。

重點不是性格不同，而是承認、接納彼此的不同。還有，也要接受一個人的性格是很難改變的事實，並具備溝通及解決爭執的能力。溝通能力包含自我主張表達能力。這也是解決爭端的重要條件之一。

「我們每週都在大吵大鬧。除了忍耐之外，有沒有好好過日子的方法？」

沒有不吵架的夫妻，只有不懂溝通的伴侶

結婚二十年的夫妻，一個禮拜卻要大吵好幾次。每次都得等到太太道歉，說「對不起，我錯了」才能和解。二十年，應該早就過了磨合期。讓我們來看看為此感到難過又難為情的太太的故事。

Q

我是今年結婚滿二十年的家庭主婦。和老公是相親認識，膝下育有一子。高三的兒子沒什麼大問題……問題出在我們夫妻。

我們一週有一半的時間都在大吵。當初婚後一個月，曾因婆家起過嚴重爭執。那時我第一次知道，老公生氣時習慣悶頭不說話。不只如此，還會鎖房門，拒絕溝通。

從那一刻開始，就不管所有的家務事，對我也漠不關心。就算有家族活動，哪怕懇求他一塊去也毫無反應。我們曾經一個月以上沒說過半句話，最後是我去房門前道歉好一陣子：「對不起，我錯了。是我做錯了。」他才肯開門，接受和解。事情過後，我實在搞不清楚我做錯了什麼，真的有這麼嚴重嗎？

我原以為老公是沉默寡言的性格，但他好幾次生氣失控對我動手。不久前，他推我撞牆，弄傷我的手。我覺得這種事太丟臉，不希望家醜外揚，所以沒對任何人說。結果，他反倒變本加厲。

因為太常吵架，某一天我們決定用紙條寫下彼此的優缺點，還有那天吵架的原因。沒想到他說，我應該要效仿演員崔民秀的妻子江珠恩[4]，江珠恩能和崔民秀那樣的人生活，我卻一天到晚對無辜的他發脾氣。這讓我相當無語，他就是這副德性。

可是，如果我發脾氣，他又會故態復萌不說話，所以每次都是我先認錯求和，老公甚至會要我承諾之後不會再這樣，才肯善罷甘休。

---

4. 前韓國選美小姐，與以脾氣火爆著稱的韓國男星崔民秀結婚至今二十多年，感情融洽。文中老公以這對螢幕夫妻為例，告誡老婆要以此為模範。

結婚二十年，該吵的也該吵完了吧。讓兒子和外人看到這副模樣，真的很丟臉。昨天也因為雞毛蒜皮的小事吵架，老公又不說話、不接電話。我該怎麼做才好？其他夫妻也是這樣生活的嗎？俗話說「床頭吵，床尾和」，可我們夫妻好像只有吵，沒有和。我真的不想再吵架，想好好過日子，除了我繼續忍耐之外，有沒有別的方法？

「去學校不要跟朋友吵架，要相親相愛玩在一塊！」這句話就是錯誤的開始。

來找我的諮商的人中有很多「不想吵架，想好好過日子」的夫妻。人們受到小時候父母說「去學校不要跟朋友吵架，要相親相愛玩在一塊」的影響，所以，在普遍認知中，吵架是不好的，只有相親相愛的關係才是好的。然而，在人際關係中，我們真能不吵架，無時無刻相親相愛嗎？

人們總是對夫妻關係（其他人際關係也一樣）抱有幻想，但吵架是再自然不過的事。請先試著作答以下的是非題：

1. 不吵架的夫妻就是模範夫妻？ □是 □否
2. 家務事不應該拿到外面談（家醜不外揚）？ □是 □否
3. 人家說「床頭吵，床尾和」，大家都過著差不多的生活？ □是 □否
4. 像我們這樣長久摩擦不斷的關係也能好起來？ □是 □否
5. 在一起這麼久，不吵架才是正常的吧？ □是 □否
6. 一旦關係中出現不誠實的情形，就難以挽救了？ □是 □否
7. 隨著時間過去，吵架頻率和溝通方式會逐漸好轉？ □是 □否
8. 夫妻是一心同體？ □是 □否

沒有夫妻不吵架。假若一對夫妻不吵架，極有可能兩人正處於精神離婚的狀態。諷刺的是，長久摩擦不斷的夫妻，正證明了對彼此還有期待，還愛著對方。因為愛的

對立面不是恨，是漠不關心。

因此，婚姻生活的核心是，是否能認知彼此的內在期待與外在現實關係之間的落差，進而活在合理的期待中。**「有建設性的吵架，才能好好過日子」是幸福婚姻生活不可或缺的元素。**

不要期待氣頭上的人能做出溫柔的舉動。請改變心態，期待須合乎現實。

夫妻摩擦不是壞事，也不是錯事。產生摩擦是因為不清楚對方的不同之處，要以不同態度去對待所導致。男女差異、性格類型落差、原生家庭環境的不同，還有個人需求、情緒、反應、偏好和價值觀等，兩人有許多不盡相同之處，卻希望事事按自己的意思進行，所以才會吵架。

吵架，才能顯露出夫妻的共同點：彼此相愛的心，以及追求和睦相處的關係，是以，吵架是發掘彼此，使彼此成熟的絕佳機會。

老婆們常見的錯誤是，希望老公就算發火也要安撫我，用合理的態度對待我。一般人能做到這種事嗎？當然辦不到。夫妻不是一心同體，是兩心兩體。不同的兩個個體共同朝一個方向努力是很重要的。兩人長久生活在一個屋簷下，感受對方，與其想著「這個人連這樣都不願意做，根本不配當人」，不如想著「啊，原來這個人在這種情況下會做出這樣的行動」、「雖然我希望他不要這樣做，但現實不如我的期待」會更好。

我千叮嚀萬囑咐的是，在夫妻關係中，**最重要的是理解雙方差異的態度**。這種時候，表達自我的溝通能力是不可或缺的。附帶一提，傾聽與共感兩者兼具、掌握對方需求、表現自身需求、調節矛盾的「協商能力」也是必備的能力。此外，也需要真正的原諒、道歉、和解，及分享親密感。

最後，最要緊的是信任。再惡劣的夫妻關係，也有恢復的可能，基本上會結為夫妻，都有一顆愛對方的心，以及建立和睦相處的家庭的渴望。假若藉由爭執表達這種心情，夫妻吵架就會變成發掘彼此未知的部分，成為共同成長的好契機。

這時不是理所當然以為「吵了二十年總該不吵了吧」，而是該試試不同的吵架或和解方式。以這對夫妻的情況來說，老公一吵架就沉默，變得不願配合，偶爾有物理暴力，老婆則得乞求和解……陷入了惡性循環。

人們日常實際生活中會面臨諸多惡性循環。因為惡性循環關係很容易產生，可要傾注許多努力才能創造良性循環關係。不要說改善惡性循環，哪怕是只想改正個人陋習也需要非常大的力氣，因為人們通常有回復原狀的慣性。儘管表面看不出來，不過這對夫妻必須跟極強烈的慣性抗爭，才能讓惡性循環變成良性循環。那麼，該怎麼做才好？

讓我們看看以下分別造成「惡性循環」和「良性循環」的行動的比較：

1 只講自己想說的話 vs. 更愛聽對方說的話

要創造良性循環，必須聽更多對方的話才行。不是只聽對方的表面話語或事實，而要努力傾聽對方的心聲。注意不要妄自扭曲或推測對方的話，把推測當做事實，歸納以後，必須跟對方再次確認，「所以你的話是這個意思吧？」這時候要語速放慢，聲音柔和。重點在於確認對方的感覺和需求。

例如這麼說，「所以你是說，我的話不對，還有我的行動嚇到你了，是嗎？你對我已經失去信任到這種地步了嗎？」、「所以，我說我錯了，跟你道歉，想讓你氣消，可在你聽來，又變成讓你傷心難過的話了嗎？」

另外，請經常這樣問：「我對你的話有理解正確嗎？有沒有我漏掉的部分？」這種說話方式能安撫對方心情。

在練習聽話的同時，也要學著聽懂話中隱含意義。重視對方話語背後的真實訊息以及心情，給予反應，就能轉化為良性循環。這時候要小心，不要一廂情願用自己的方式理解對方的訊息，並且當成事實，避免陷入惡性循環。

2 用自己的方式表達 vs. 用對方的方式表達

舉例來說，我是理性派，對方是感性派。這時候，如果我用感性派風格和對方溝通，就能形成良性循環。同理心有兩種：同理感受和想法肯定。後者稱為「認知同理心」。**請牢記且經常使用這句簡單，又能表達同理心的神秘之言：「原來如此。的確**

有可能這樣。」

理性派跟感性派溝通的時候，要給予同理心；感性派跟理性派溝通的時候，要留意事實關係。這是非常有效的方式。感性派側重情感，易疏漏或縮小事實的重要性。因此，感性派跟理性派說話的時候，得先壓抑自己情緒，確認自己有沒有看見、聽見理性派話中的事實。

我們要像學英日語般學習「感性語言」和「事實語言」。我們需要先調節自己的感受力，才能成功使用對方的方式對話。

3 只重視大事 vs. 小事也重視

用對方的方式溝通，能造就一段好的關係。那麼，即便老公少賺一點錢、老婆少做一些家務事，也能創造幸福的夫妻關係。心靈相通相繫的人，懂得享受小確幸。對方做出稍微搞笑的表情，也能樂得哈哈大笑。

一段能從小事感受喜悅和幸福的關係，能營造整體溫馨、柔和的氛圍。就算沒有很高的社會成就，也能過著幸福愉快的生活。未必要歷經大風大浪，才能建立心靈相繫的關係（當然有會更好）。一段想起共同回憶就愉快、就連一張小便條紙都能感受到對方存在感的關係，正是相愛的關係。

4 太過平凡，所以草草帶過 vs. 把草草帶過的話一一追根究柢

人們常開這種玩笑，說慶尚道[5]的男人回家只會說三句話：「孩子呢？」、「飯呢？」、「睡吧。」因為是平凡的日常瑣事，所以總是草草帶過。「總是這樣」、「我們本來就這樣」這種話也是一樣。當問起「今天心情如何？」，回答「就那樣」或是「差不多」也是不好的表達方式。心情怎麼可能每天都一樣？即便心情每天都一樣，具體來說是什麼心情？

不擅表達細膩感受的人，最常使用的情緒用語之一是「好煩」。煩躁是感情受到挫折產生的諸多負面情緒交錯的意思。**不要跟經常煩躁、三不五時把「好煩」掛在嘴邊的人說「不要煩了」，而是要鼓勵對方「不要忍了，現在你壓抑的情緒是什麼？你**

5. 慶尚道位於朝鮮半島東南部，道府位於大邱。民風較為保守，政治上是「保守派」的主要勢力範圍。

的需求是什麼？一一說出來。」

幸福的夫妻會在晚餐時刻，分享一整天的喜怒哀樂。這也是為什麼關係融洽的夫妻總是有說不完的話。這種關係就是良性循環關係。

5 凡事視為理所當然 vs. 凡事心存感恩

感恩是一種選擇。值得感恩的事不是特別的事，而是是否選擇用一顆感恩的心去接納我擁有的人和物，以及發生在我身上的所有事。

我們所做的每一件事絕非理所當然。如果在人際關係中，對方把我的付出視為理所當然，或者是我將對方的付出視為理所當然，甚至因沒做而生氣的話，久而久之，誰都會失去動力。感恩是點燃關係的火種，是持續賦予關係溫暖的燃料。

6 永遠堅持自己是對的（對方是錯的）vs. 真心承認自己有可能是錯的

僅僅是口頭認錯，對方馬上就能察覺是謊言。因為行為的改變會伴隨真心的懺悔而來。所謂反省是對錯誤負責的態度，所以為什麼用「口頭抱歉」迴避衝突矛盾，會讓人感受不到誠意。因為道歉的言語中，得包含「我很後悔我的行為。我承認我傷害了對方」的真心。

7 全是你的錯 vs. 全是多虧了你

雖然了解彼此的缺點和討論改正的對話很重要，可是，學會給對方面子的對話更加重要。請多說關心對方、給對方留面子的話。

父母一天到晚糾正孩子，會讓孩子陷入自卑，意識自己的不足，感到難為情。然而，發掘並承認孩子的優點，能累積孩子的自尊感。

不要只是裝裝樣子，請真心表達對對方的感激和肯定的心。那些心意不僅寶貴，也能給別人尊重。不懂謙虛的人是辦不到的。請先傾聽自己的心，確認此時此刻的謙虛是否真誠。

假若一對夫妻從不吵架，極有可能兩人已處於精神離婚的狀態。因為愛的對立面不是恨，是漠不關心。

我一而再、再而三強調，夫妻關係中最重要的是「理解差異的態度」。夫妻間有摩擦不是壞事，也不是錯事，只是因為不清楚對方和自己的差異之處，要以不同態度去對待所導致。

吵架，才能凸顯出夫妻的共同目標：彼此相愛的心以及追求和睦相處的家庭，是以，吵架是發掘彼此，使彼此成熟的絕佳機會。

第三章

父母關係

當你覺得對方口氣很差時，
更要好好說！

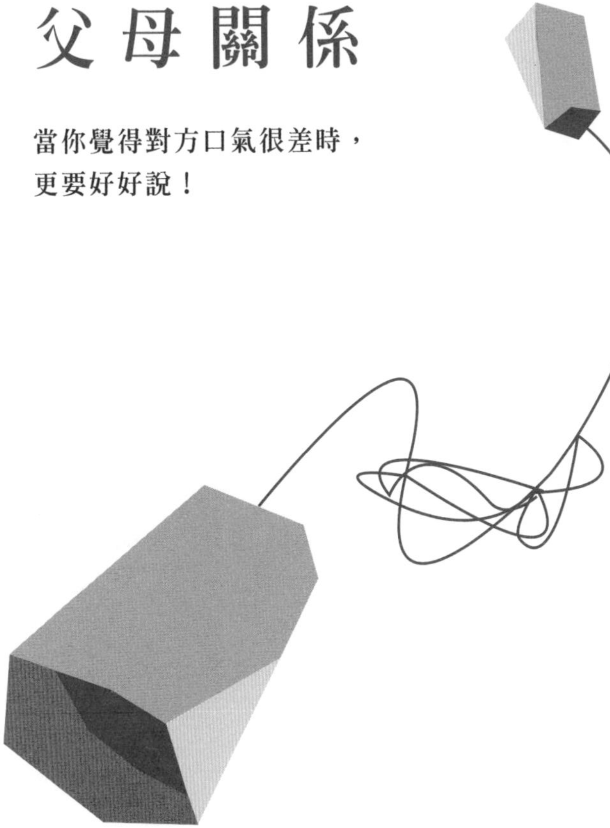

「我討厭什麼都沒為我做的婆家！」

婆家除了給你老公，還需要給你什麼？

這是一位出身富裕家庭的女性。娘家父母全額支付了她的生產費和產後月子中心的費用。不僅如此，娘家父母每個週末都帶著一大堆昂貴食物探望女兒，相反地，獨居的婆婆家境貧寒，拿不出任何像樣的東西。

Q

「婆家一點看頭都沒有，我只是因為喜歡先生才跟他結婚。」

某一天，一位和婆家關係緊繃的媳婦找上了我，我仔細聽完她的事由後，腦海裡不禁浮現了疑問：「婆家沒有看頭？婆家應該要有什麼看頭？」

這位媳婦表示，幾天前為了孩子的週歲宴，夫妻大吵一架。因為老公不願意讓娘家父母暫住家裡幾天，還問她為什麼要住這麼多天？她當時直接回嗆老公：「你對我爸媽有什麼意見？不管我生產前還是生完孩子後，婆婆都沒有來探望過我，她有替我做過什麼嗎？」就這樣，點燃了夫妻大戰。

這位女性說婆家在結婚的時候什麼都沒給她，是娘家父母安慰自己：「要什麼，爸爸媽媽都給你，不要傷心。」她又表示，老公一開始不是這樣，明明也厚臉皮地接受了許多娘家的好處，現在又翻臉不認人。當時她心中怒火瞬間被老公點燃，把過去對老公和婆家的失望情緒一次爆發出來。

傷心又鬱悶的她請求我的幫助。她說：「我爸媽不喜歡我老公，我老公也不喜歡我爸媽，我該怎麼辦才好？」

A 為什麼會討厭「什麼也沒為她做」的婆家？

我聽這位女性的言下之意，似乎是覺得「婆家什麼事都沒幫我做，我也沒從婆家得到什麼好處，我一直以來都在委曲求全，真的太討厭了。」這位口口聲聲說自己因為婆家而心煩的媳婦，其實是對婆家抱有期待，卻又未能滿足，所以才感到煩躁吧？

如果把這個故事反過來，故事主角變成老公，那太太們會說什麼呢？比方說，「我爸媽打算在我們家住兩天看看孫女，太太卻不願意，所以我對太太很失望，岳家也從沒給過我像樣的東西……」

結婚時，對方父母需要給的除了完整的配偶和祝福之外，還有什麼？不是婆家「什麼也沒為我做」，是媳婦沒有「洞察重要事物的眼光」。婆婆雖然家境不好，卻沒掉入一般常見的人設——成為緊抓著兒子不放的婆婆，而是把兒子一手拉拔成懂得替太太著想的男人，然而媳婦沒能學到婆婆的豐富內涵。

如果我們習慣當伸手牌，那麼我們會把得到恩惠視為理所當然，將無法理解「無力給予」的人的心情，像是法國皇后瑪麗·安東妮（Marie Antoinette）一樣，她非但無法理解法國民眾哭訴「沒麵包吃，快餓死了」的心情，甚至反問：「沒麵包吃，就吃蛋糕啊！」好吧，拿她來相提並論這位媳婦好像有點太過分了。

總之，娘家父母持續提供這位女性經濟支援，反之，婆家什麼都沒有給，所以這位女性越來越討厭婆家。然而，這位女性是不是把「就算婚後，父母也要繼續提供經濟支援」這點視為理所當然了呢？或者說，她認為提供經濟支援的一方是甲方（娘家），所以對無法提供經濟支援的乙方（婆家）行「甲方行徑」[6]是理所應當的，而乙方「很不識相」，所以才生氣。

「婆家一點看頭都沒有，我只是因為喜歡先生才跟他結婚。」這句話並不是「我和對方是相愛結婚」的意思，而是「老公雖然沒錢，不過其他方面還過得去，我才同意結婚」。總之，她說的像自己大發慈悲，與其說結婚，更像是進行了一場交易。交易過後，這位女性強迫老公「既然我做了賠本生意，你們就得承受我的『甲方行徑』做為代價。」會說婆家或岳家沒看頭的人，其實是看不出對方家庭中真正的可看之處；或者是覺得對周遭的人當伸手牌很理所當然，實際上自己才是那個最吝嗇付出的人。

這位女性說老公是好人，我想反問這位女性一句：老公也覺得你是個好人嗎？結婚不可以是「我委屈下嫁」，必須要雙方真的相愛。「我愛那個人，所以才結婚」這

6. 甲方和乙方出自商業合約上的甲、乙雙方。而「甲方行徑」代表處於有利地位的甲方，濫用權力壓榨乙方的行為。

句話的意思是：我會成為支持老公的人。我會在做重要決定時，把老公放在第一順位考慮。這位女性的先生是站在她這邊的，這一點無庸置疑，不過這位女性倒是更站在娘家父母那邊。

我經常叮嚀準新人們，結婚不要動用父母的錢，向父母借錢無異於跟銀行貸款，都是欠債。那些認為父母提供經濟支援是理所當然的人，通常也會要求另一半的父母提供經濟支援，當事情不如預期，這些人就會萌生「我怎麼會嫁到這種家庭」的想法。

想讓自己活得舒服而欠下的債，當然不能叫老公還。

過去夫妻吵架的主因之一是婆媳不和。最近獨生子或雙寶家庭已是社會普遍現象，動搖夫妻生活的主因變成了「岳婿不合」。只生一胎或二胎的父母們，把全副心力傾注在一兩名子女身上，以至於子女就算婚後，心理和經濟都沒能真正獨立，親子關係仍處於依存型態。婚後的子女一如婚前享受著做為爸媽心肝寶貝的福利，也對另一半的父母要求擁有同樣的福利。如果另一半表示不喜歡當伸手牌，比起配偶的心情，他們會優先考慮原生家庭父母的心情，最終引發夫妻爭執。比如說，最近的父母總會這樣告訴女兒：「生一兩個孩子沒什麼大不了，我會幫忙帶，太累就來找爸爸」，這種好意反而會妨礙女兒的心理與經濟獨立。

請停止吧，離開娘家父母身邊獨立吧。不要把娘家父母給的愛視為理所當然之物，貶低了他們的愛。

這位女性若真心希望娘家父母和老公能好好相處，那麼她就該站在老公的立場跟娘家父母溝通。還有，娘家父母無微不至地照顧女兒，是希望女兒能過得舒服。這位女性不心懷感謝，甚至覺得是老公得了便宜還賣乖，不知感恩。這就像是自己圖方便，欠下本不該欠的債，卻要求老公還債一樣。

我希望這位女性能對婆婆——那位獨力撫養出優秀兒子的偉大女人心懷感恩。比起錢，婆婆給了妳更重要的禮物——老公，不是嗎?清貧家庭的父母往往把子女視為寶物，請對她辛辛苦苦拉拔孩子這點保持感激。

雖然很抱歉，但必須要說：這位太太既自私也沒同理心，像個長不大的小孩，我反而想說，妳老公才不該娶妳這個「一點看頭都沒有」的太太吧。

請銘記這個事實：在東亞社會，自私的豪門家庭父母，就算孩子結婚也不會放手讓孩子獨立，而一個貧困、單親媽媽養出了優秀兒子，卻絲毫不干涉兒子的婚姻生活，這絕對比前者困難得多。

我要嚴正叮嚀所有準新人，不要用父母的錢結婚，那都是欠債！在結婚的同時就要從父母膝下澈底地經濟獨立才行，婚後也不要認為父母提供經濟支援是天經地義的，更不要瞧不起對方家庭。

希望各位都能擁有洞察力，看得出什麼才是重要的事。結婚時，對方父母需要給你的，只有完整的配偶與祝福，別無其他。

「我都已經做到這個程度了，他們還不滿意……我該怎麼做才好？」

讓傷口遲遲無法癒合的，是你自己

這是一名被大姑長期壓榨的女性的故事。雖然這位女性為大姑做牛做馬，但是大姑說的難聽話多過好話，帶給這位女性很大的壓力，所以她正在計畫分家。沒想到她想分家的這件事走漏了風聲，婆婆、大姑甚至老公聯合反對她，讓這位女性承受更大的壓力。

Q

「說話口無遮攔的大姑、跟大姑站在同一陣線的婆婆，還有漠不關心的老公……我實在無法理解這家人。」

這位女性來找我諮商，她婚後和獨居的婆婆住在同一棟大樓的上下樓層。出嫁的大姑經常回娘家，所以這位女性經常替大姑處理家務和照顧孩子。雖然自己也有孩子要帶，但還要幫大姑做產後調理，就連大姑的兒子們生病時，也是她帶他們去醫院。除此之外，她還得幫大姑去市場買菜、去市政府辦事、幫忙打掃等等。

老公明知她因為大姑受累，非但不安慰，甚至不理解老婆的委屈。這位女性身心俱疲，有苦難言，這種情形已經長達八年。

加上這位女性有個心理創傷。當年她生產時，正值禽流感大流行，大姑說：「聽說不管外表看起來多正常，孕婦是禽流感的高危險群，妳還是去檢查看看吧。」那時，她就住在禽流感疫情重災區，天天提心吊膽，擔心寶寶會出事，而且老公當時還是禽流感疑似感染者，正在住院接受治療中。在那種身心緊繃的情況下，大姑還口無遮攔，說出那種話，使得這位女性很受傷。大姑的話從那時起一直縈繞這位女性的腦中，遲遲不散，這事件也變成了這位女性的心理創傷。也不僅這樁，還有很多類似情形，大姑的無心之言就像釘子般狠狠地刺傷了這位女性的心。

另外，像是大姑把感冒的兒子帶去她家，結果害她兒子也被傳染了感冒；大姑家家庭旅行時，理所當然地把弟媳一家人也算進去，連問都不問。這種事情一而再、再而三地發生。

最近家中爆發了家庭革命。因為大姑的緣故，這位女性計劃分家，好巧不巧這件事被大姑知道了（她猜想應該是老公告訴婆婆，婆婆又跟大姑告密）。大姑指責她很可惡，覺得被背叛，瘋了似地挑她毛病，大罵她是「不知感恩的女人」。婆婆也偏袒大姑，雲淡風輕地對兒子說：「你不想管就別插手。」

這位女性表示大姑、婆婆和老公站在同一陣線，排擠自己，實在太無情了。她問我：「我完全無法理解這家人，我以後該怎麼辦才好？」

A 無法理解這家人？妳的真正期望是「理解這家人」嗎？

看來這位女性顯然不清楚自己想要什麼，要不就是不懂得怎麼表達自己的意思，加上長時間沒照顧好自己受傷的心，反而把自我照護的責任轉嫁到他人身上。

女人婚後會面對很多生疏、不自在的情況，也有不得不背負的責任，就像這位女性可能沒想過自己還得幫忙照顧大姑生病的孩子吧。這位女性的真正問題是，她希望從老公、婆婆，或是大姑身上獲得什麼回應？她想獲得的是「辛苦妳了」、「謝謝」的回饋，想聽到「妳能嫁進我們家真是太好了」、「妳真是福星」、「妳是上天賜給我們家的貴重禮物，多虧有妳，我們家變得更好了」這類的話。那麼，想聽到這種話背後隱含的意義是什麼？代表她希望獲得家人們的肯定與愛。

這位女性有可能因為是老公的家人，所以幫忙大姑做家事、照顧孩子，但更可能是為了想獲得老公的愛。她希望被愛而做出的行為，卻沒得到預期的愛或肯定，才為此感到難過。尤其是她所期待的愛，老公卻沒能好好給予，令她加倍傷心。

比起追究傷口形成的原因，傷口的後續處理才更為重要。**與其指責他人害我受傷，我對傷口棄之不顧，讓它更加惡化，或是積極治療傷口，全都是自己的選擇**。我們一般所說的「原諒」指的是解開心結，但更深一層的說，原諒的目的是為了自己好，讓自己不再被對方影響。所以說，原諒從頭到尾都是「為了自己好」。

道歉是對方的責任，原諒是我的責任。這也是為什麼打定主意「除非你那樣做，否則我死都不會原諒你」的人，往往無法化解心結。「在我進棺材前，我絕對不會原諒你！」對會說這種話的死硬派，還能說什麼呢？

自己的傷口卻要別人治療嗎？

常言道，「女人懷恨猶如六月飛霜」。女人為何會懷恨？答案是因為委屈！

我們在什麼時候會感覺委曲？

「大人，請為民女伸張正義！民女含冤已六年！嗚嗚嗚，且聽民女把冤情一一道來！」

以前有部韓國單元劇叫《傳說的故鄉》，劇中含冤而死的鬼魂在黃泉飄盪，找上了大人喊冤的一幕，我覺得很有趣，所以印象深刻。

「不是吧，既然都變成鬼了，就該冤有頭債有主，去嚇嚇他、折磨他吧？或者乾脆把那個壞蛋拖到陰間，為什麼是跑去申冤？」原來鬼就算有能力報仇，也一定要去找官府幫忙。

到底鬼為什麼要這樣？是因為別人幫忙盛的飯比較好吃，所以別人幫忙報的仇也比較爽嗎？別人幫我報了仇，我心中的怨恨，六年的冤屈與傷心，就能如雪融化般消失無蹤嗎？

然而下一幕一定是大人喝斥鬼：「再怎麼委屈，也萬萬不該如此！」因此洩氣的鬼不敢再鬧脾氣，只能哭哭啼啼地認錯。這意味著什麼？

不管是鬼還是這位太太，「我該怎麼辦才好」隱含的意思其實是：「那個人不知道自己帶給我多大的傷害，我這累積八年的傷痛該怎麼辦才好？再受傷下去，我的傷口會腐爛，實在太痛了，連活下去都有困難。現在老公、婆家、我身邊的人，甚至我自己都不知道我心裡的傷口有多深，不知道他人的隨口一句話會帶給我多大的影響，讓我多麼受傷，所以大家都用隨便的態度對待我。我不想再因為那些尖銳石子受傷了。我要怎麼做才能不受傷，不，我要怎麼做才能治癒好傷口，過好以後的人生？」

答案是獲得同理心。如果沒有能同理自己的他人，「自我同理」也無妨。不過同理終究得與人交流。我想請問這位女性有沒有能交流的朋友呢？如果沒有，去找心理諮商師談談也好，只有這樣才能真正成長。

成為成熟大人的前提是，承認我有責任照顧我自己的需求和傷口。

也許以下的事實會令這位女性感到不安，不過她必須理解的是——**照顧自己、愛自己的責任在自己身上！**想成為能與他人共存又獨立存在的成人，重要的是自己要懂得治癒自己的情緒傷口，不把責任推到造成傷口的人身上。雖然通常很難做到，但我們必須接受自己的傷口得由自己照顧、治療。

打個比喻，如果說媳婦逢年過節承受的壓力，換算成金錢價值大概是一千萬元的話，這份千萬債務是因為誰才欠下的？不是婆婆也不是老公，是我自己欠的債。如果我自己不還，債務金額會隨著利息如滾雪球般的增加。

我們必須理解情緒的本質。不管是正面情緒也好，負面情緒也罷，並不是因為對方而產生。**情緒就像是信號燈，負責告知我們，現在自己的內在需求和要求是否已經被滿足**。如果需求已經滿足，那麼我們會產生正面情緒；如果是需求未被滿足，我們則會產生負面情緒。

所謂的成熟大人，是承認、理解滿足自身需求的責任在自己身上，他人沒有責任要體諒我的需求。儘管如此，他人還是決定替我的需求負責，關心我的需要。我們必須對此心懷感激。婚姻就是由懷抱著這種心情的兩個人所組成。

婚姻是「我會負責我的需求，對方也會負責他的需求」，並且兩人還能互相滿足對方的需求。在為自己負責之餘，還願意為他人負責，根本是極大的恩惠。這時，如果另一半把這份恩惠視為理所當然，長期下來，夫妻關係就會惡化。不是因為對方不願意體諒自己，而是把體諒視為對方的份內之事，一旦得不到還加以強求的態度所致。

這位女性必須先接受該負責自己情緒的人只有自己，唯有辦到這件事，才能更愛自己，才能照顧自己需要被照顧的情緒。先辨到這些之後，接下來才能好好告訴對方，希望對方用什麼方式照顧自己。

沒得到我所期待的愛或同情會覺得難過或生氣，這是人之常理，可是請不要說是因為愛才那樣做。嚴格來說，是為了索要他人的愛才這麼做吧。

再者，不能把照顧自己情緒的責任轉嫁他人。我們只記得指責他人害我受傷，但是要不要治療傷口，是我們自己的選擇，這是一個人是否成熟的基準。所以說原諒是必要的行為，也是「為了自己好」，相反地，道歉是對方的責任，我無法替對方、也不能逼對方負責。

「有沒有能表達我的意思，又不讓公婆傷心的方法？」

沒有能表達自己需求，又不傷人心的話語

公婆每天會到家裡幫忙照顧孩子到很晚，使得下班後的媳婦非常不自在，但是擔心告訴公婆，會傷公婆的心，想知道有沒有能讓公婆體諒自己的方法。

我是個職業婦女，有個十八個月大的女兒。最近每天下班後，我的心情總是無比複雜，雖然想快點回家休息，陪女兒玩，可是又因為家裡有公婆在，不怎麼想回家。全世界沒有比疲憊或生病時，卻不能早點回家更煩悶的事了。我沒辦法跟公婆表達我的傷心，公婆也沒有考慮到我是個辛苦的全職媽媽，到家後需要好好休息，這讓我偶

爾很想發脾氣。

兩個月前我重回職場上班，婆婆每天早上到我們家幫忙照顧孩子。公公最晚中午也會過來我們家，照顧到晚上兩位才一起回家。當然，把孩子交給公公婆婆，我很放心，但是直到就寢時間前，都得跟公婆相處，使得我們夫妻的關係逐漸疏遠。而我們對於育兒的爭執也達到了最高峰，大吵了一架。另外，由於下班後和孩子的相處時光有限，因此孩子和我的關係無法很親密。

不知道是想多和孫子相處，還是只把自己家當成睡覺的地方，公婆總是到晚上十點才回家。無論如何，我非常心累。在公婆回家之前，我沒辦法換輕鬆的居家服，也不能洗澡，必須忙著做小菜或是整理家務。直到公婆走之後，我才能幫孩子跟自己洗澡。我和孩子愈來愈晚睡，我也總是受慢性疲勞所苦。

要怎麼表達才能不傷害到公婆的心，又能讓他們體諒我的難處，早點回家呢？雖然我非常感謝公婆幫忙帶孩子，卻也因公婆不夠體諒我而感到心累。有沒有不讓公婆傷心的婉轉說話方式呢？

沒有這種不傷公婆的心，又能讓他們早點回家的話語。

希望公婆替自己著想，就必須明確表達自身需求。自己不說出口，卻希望公婆能讀懂媳婦的心，還予以體諒，無異於天方夜譚。與其說公婆不替媳婦著想，不如說是媳婦不斷允許公婆越線。為什麼會這樣?媳婦們害怕自己背上「惡媳」之名，只想從公婆和旁人口中聽到「真是個好媳婦」，所以不停容忍踩到自己底線的事情，最終爆發不滿。

如果媳婦告訴公婆自己的需求，很明顯會讓公婆傷心，自己會變成讓公婆傷心的壞人。沒人想當自私的壞人，所以我們往往不明確傳達自己的需求，而是選擇用間接的方式，希望對方能明白。比方說，給對方臉色看，或是拐彎抹角地表達。

在此，我們要記住一件重要的事：對方的傷心難過，不是因為我。「都是你害我生氣」、「因為你我很幸福」這類的話其實是錯的。同樣地，「你讓我生氣」、「公婆令我生氣」、「我害公婆傷心」這些話也都不是事實。

這位媳婦會生氣不是因為公婆，是因為自己的需要得不到滿足，同樣地，如果公婆感到傷心，也不會是因為媳婦，是因為公婆的需求得不到滿足。

家人之間要假裝沒事到幾時？想相處的長長久久，就得忍受暫時的不自在。

我們會產生憤怒或幸福等情緒，是因為我們有「期望」和「需求」。這位媳婦的需求是：「下班後好好休息，度過溫馨的親子時光」。她因為需求得不到滿足而傷心。如果她沒有這種需求，那麼公婆再晚回家，她也不會覺得不自在或疲憊。同樣地，當她告訴公婆：「希望你們能在晚上七點左右就回家」，公婆如果感到傷心，是因為他們的需求是「期望和兒子、媳婦，和孫子多相處一點時間」。

既然如此，如何不傷公婆的心又能清楚表達媳婦的需求呢？首要之務是明白「公婆傷心並不是因為我」，然後再理解公婆的需求，也就是同理兩位老人家想和兒子、媳婦、孫子共度每個夜晚的心，最後明確表達自身需求：「公公婆婆，很感謝你們每天幫忙看孩子，不過我也需要有自己的時間。」

這樣一來，才能找出滿足雙方需求的平衡點。最好準備三到四個既能滿足公婆需求，又能滿足自身需求的方案，提供公婆選擇的空間。過程中，雙方可能發生爭執，也可能有人會覺得不舒服。不過，如果想滿足期待，就得忍受不可避免的衝突。

記得真心感激無條件付出的公婆。

這位媳婦有以下幾種處理方式：第一，折衷滿足自己與公婆的需求，比方說，每週規定一天「夫妻放風約會日」，或是和朋友一起外出玩樂的「休假日」；第二，維持原樣。媳婦雖然累但是先忍著，等公婆發現自己的困境，並主動予以體諒，就像現在一樣；第三，為了和公婆成為真正親密無間的家人，媳婦必須表現出真實面貌，忍受暫時的爭執，和公婆重新整理關係。請這位媳婦從中做選擇吧。

人生在世，沒有人的需求能完完全全地得到滿足，不過起碼得滿足一定的需求才行。即便如此，媳婦也有不該忘記的事——對公婆心存感激。因為公婆照顧孫子，不是理所當然之事，而是真心誠意的付出。

家人是要長久相處的對象，不能因為和公婆相處很棘手，自己努力「扮演」好媳婦就好，這就是我說必須展現自己真實面貌的原因。如果想成為長久相處的家人就得忍受那個瞬間的傷心。那麼，展現真實面貌的最好時間點是何時？

就是現在，請打開天窗說亮話吧。

明明下班已經精疲力竭，回家卻還要面對遲遲不肯離開的公婆，這種情況長久繼續下去，不但會讓媳婦覺得不自在，也可能因為公婆的不體諒行為，讓媳婦的怨氣逐漸累積。對於新進門的媳婦來說更可能如此，該忍耐下去，或是誠實地告知公婆，希望他們晚上能早點回家，取決於媳婦的選擇。

媳婦必須理解，自己會生氣不是因為公婆，而是因為自身需求得不到滿足所致，同樣地，如果公婆難過也不會是因為媳婦，而是公婆的自身需求得不到滿足所致。

「媽媽總是對我批評指教，我又不能斷絕關係……該怎麼應對才好？」

有時長輩說話傷人，是因為擔心你受傷

這是一個善於包容、寬待他人，唯獨對女兒愛說負面話語的母親。女兒每次介紹男友給媽媽，媽媽總是說許多關於男人的壞話、澆她冷水，想結婚的念頭也就此煙消雲散。

Q

我是三姐妹中的老么。兩個姐姐都結婚了，我還是小姑獨處。但最令我煩惱的是我媽媽。

媽媽總是愛否定別人，讓我壓力很大。

我雖然不清楚七十歲出頭的媽媽在別人眼中是個多好的人，不過當身旁的人稱讚我媽心胸寬大、溫暖，超善良等，老實說，我真的很反感。因為我們三姐妹都很了解媽媽的雙重性格。

對我們女兒來說，媽媽是殘忍的反派，對於外人總是無條件肯定，盡說一些好聽話：「沒關係、很厲害了、真善良、好了不起。」可是對自己孩子說的話卻完全是兩碼子事：超級負能量。

如果我們讚美朋友，她會說：「朋友什麼都很好嗎？小心哪天被人捅一刀。」；如果我們稱讚公司，她會說：「有夠天真的……不要相信老闆！」她還總是對做生意的姐姐說：「遲早會血本無歸。」

總之，我們跟媽媽分享好事的時候，從來沒聽過她點頭附和。每次我交男朋友，媽媽就會滔滔不絕地數落男人的缺點。比如說，我和體貼的男友交往時，她會碎念：「誰知道男人什麼時候會翻臉，婚前跟婚後完全不一樣，二十歲跟四十歲的時候又是兩回事！」我和條件很好的男人交往時，她會說：「長得帥的男人會劈腿。完美的男人會瞧不起太太，婆家也會瞧不起你。」我和貧窮的男人交往時，她就數落對方的貧窮。我和有錢的男人交往時，她就說對方滿腦子只有錢。因為媽媽充滿負能量的言論，搞得我現在根本不想結婚。

有一陣子我在網路上經營首飾店，那時我媽不厭其煩地提醒我自營業者有多容易失敗，結果應了媽媽的話，我的事業沒多久完蛋了。如果我買麵包或年糕的套裝禮盒送她，她會說這些東西對身體不好，碰都不碰；我送她水果或肉，她會說沒胃口不想吃；我送的衣服也不稱她的意；我送的保養品，她也不會擦。就連幾天前，我和朋友去看電影《獅子王》，她也有話要說：「你們都看外國電影，難怪韓國的電影產業發展不起來。」害我在朋友面前丟臉丟到家。

已婚的姐姐們受不了媽媽，很少和媽媽聯絡。而我和媽媽住在一個屋簷下，任何一件小事都會起衝突，我實在不知道該怎麼處理才好。我愈來愈討厭只會潑家人冷水，愛說一些極端又負面話語的媽媽。但聽久了，總覺得我的未來好像會應驗媽媽說的話，充滿負面的事情。不管我怎麼拜託媽媽不要這樣，她依然故我。我是不是該像姐姐們一樣，乾脆斷絕母女對話？這是最好的方法嗎？

最好的方法是同理。女兒要同理自己想被媽媽讚美的心，以及母親擔心子女的心。

回應媽媽的方法是將心比心，理解媽媽的心的同時，也要顧及自身需求。「好好說話」能幫助同理。

首先，我們必須要了解人類的言行舉止背後必然隱含著需求（needs／want），接著我們必須學會同理「自我需求」。**女兒必須專注自己的想法上：「媽媽說的負面言語會帶給我什麼影響？我之所以會產生憤怒、失望的情緒，是不是因為我內心某個需求不被滿足，持續受挫著呢？我也想獲得媽媽的讚美、肯定和支持，我也希望我的想法能被媽媽尊重，也想聽到媽媽對我說正面的話」**。

像這樣先同理自我後，再進一步思索媽媽會說負面言語的真正理由：媽媽想藉由那些話想表達的感情和需求是什麼？

這位媽媽也許是很擔心女兒，用設想最糟結果的方式，傳達希望女兒能事事順利的心情。從人格特質上來看，媽媽有著出色的直觀思維，性格介於理性型與感性型之間。這一類的人非常重視人際關係，所以會經常讚美與肯定他人。

這位媽媽的洞悉力也很好，命中率幾近百分百。站在女兒的立場，雖然媽媽說的都是負面的話，可是站在媽媽的立場，她只是告知事實罷了。像媽媽這類人，非常重視自己心愛之人的安全與健康，所以會透過事實（通常會被認為是負面言語）揭露不好的一面，希望對方能避開不好的事情。這位女兒必須理解媽媽的心情。

媽媽沒有說過自己的需求，所以和女兒產生了誤會，加上媽媽的負面言詞和女兒的需求恰好相反，所以才會產生衝突。舉例來說，如果女兒想知道哪些情況下該小心男人，那麼媽媽對於男人的尖銳點評反而會變成珍貴情報。

可是女兒真正希望的不是這個，對吧？女兒希望獲得的是媽媽的支持與肯定、想被媽媽讚美、想跟媽媽交流情感，所以女兒很容易覺得媽媽的話是嘮叨和責備。**這對母女的根本問題是，對話時沒使用「情感言語」和「需求言語」。**

請用「我沒想過這點，謝謝媽的提醒」代替「不要再瞎操心了！」，對媽媽進行同理吧。

這位女兒真正疲憊的原因是什麼？媽媽用負面話語表達的擔心，女兒並不需要，女兒真正希望的是媽媽的肯定，並用正面話語表達關心。因為女兒的需求沒被滿足，所以才感到辛苦。但是這位女兒知道媽媽也需要這種正面回應嗎？

這位女兒有讚嘆過媽媽說的話嗎？有肯定過媽媽，說「媽媽怎麼會有這麼特別的想法」嗎？雖然我也明白，女兒從媽媽那裡沒學過怎麼給出正面回應，當然不懂怎麼回話，不過奶奶應該也不曾對媽媽說過這種話，媽媽也不明白該怎麼說，只能站在人生前輩的立場，用警告和提醒表達對女兒的擔心，希望能在女兒的人生中幫上忙。站在媽媽的立場來看，女兒才是不知感恩，老是做出負面回應，反駁自己，無視媽媽的心情，所以母女關係才愈來愈疏離。

不要對擔心自己的人說「不要再瞎操心了！」，而要說「我沒想過這一點，謝謝你的提醒」予以同理會更有效。很多時候，擔心就像件黑衣服，會把愛隱藏起來。

常把負面言語（罵人的話也是）掛在嘴邊的人，因為聽多了負面內容，大腦很容易也充滿負面能量，所以更需要聽話的一方做出正面回應。我建議這位女兒多多練習讚美、肯定、感謝、同理和鼓勵媽媽的話。因為這位女兒也受到了負面言語的影響，所以她的大腦也需要正能量，可以多與身邊充滿正能量的人對話，讓自己沉浸在充滿感恩的正面言語和正面心態中，才能改變大腦。

以上都辦到之後，請這位女兒對媽媽提出真正的需求：**「媽媽！我也想聽媽媽說溫暖的話，鼓勵我、愛我的話，說謝謝我出生來當妳的女兒、說妳相信我能辦到。多跟我說這種話吧！」**

「小心男人！」、「你這樣會被騙！」、「為什麼一天到晚買廢物回家？」明明是和心愛的孩子說話，有的父母卻忍不住充滿負面能量，就像上述的例子。是因為討厭子女才這樣嗎？當然不是，這些都是擔心孩子才說的話。但是這些負面的話會讓聽的人心情變差，引發聽者的負面情感。那該怎麼說才好？

解決方法先從子女對於父母的負面語言給予正面回應開始，「這也是有可能，謝謝爸爸／媽媽的提醒」，接著再說出自己真正的需求。

「我媽表面上裝好婆婆，實則事事干涉兒子的生活。她為什麼要那樣？」

父母子女之間，需要一場「分手旅行」

母親和父親離婚多年，現在和女兒同住。雖然母親嘴上說不干涉孩子的生活，其實非常在意兒子和媳婦的一舉一動。女兒一直堅持不涉入母親和大哥大嫂的互動，但如今也到了極限。

Q

我家是個四口之家，爸爸、媽媽、哥哥，還有我。爸媽在我小時候離婚，媽媽和我住在哥哥家附近。哥哥在四年前結婚，和嫂嫂過著甜甜蜜蜜的兩人世界。

我媽自認是非常酷又成熟的婆婆，覺得自己跟那些惡婆婆差很多，是個真心把媳婦當成「女兒」照顧的溫暖婆婆。我媽曾跟嫂嫂說過：「我不會干涉你們，你們不用管我，過好自己的生活就好了」、「不要把我當婆婆，當成娘家媽媽一樣吧」。

可是那全部都是鬼扯，媽媽比任何人都關心哥哥和嫂嫂，實在關心過了頭。媽媽每天一睜開眼睛，就跟我大聊哥哥嫂嫂的事，比如說，「他們Line的大頭貼換了」、「他們兩個自己跑去吃了好吃的」、「妳哥哥嫂嫂週末好像跑去旅行了」、「妳嫂嫂最近似乎買了名牌包」、「昨天他們跟妳嫂嫂的娘家人去吃烤肉了」等，媽媽的執著程度直逼跟蹤狂，我都要聽不下去了。

加上我媽很愛說嫂嫂閒話，「逢年過節的時候，妳嫂嫂怎麼沒有打電話來問候」、「她只會照顧娘家人吧」、「妳嫂嫂總是隨便花你哥賺的錢」等，我在旁邊已經聽到耳朵長繭。因為媽媽的關係，讓我對嫂嫂有股莫名歉疚感，我反而刻意不去看哥哥嫂嫂的生活動態，沒事也不會打給他們。以前我對這些閒話，還會一一做反應，因此媽媽很愛跟我分享，如今我都是冷漠以對，所以媽媽現在對我很不滿。

而且，媽媽每次都派我去打聽嫂嫂的事，比如要我去問嫂嫂週末要不要一起吃飯。這就算了。媽媽有時看到嫂嫂的通訊軟體換大頭照，會要我去問嫂嫂跟娘家人去哪裡玩，或是讓我打聽放假那幾天嫂嫂的行蹤。每次我都覺得很難為情，也很對不起嫂嫂。

不久前發生一件事，媽媽在我上班時打來說：「不要說是我說的，妳去跟妳嫂嫂說，暑假我們全家去濟州島旅行。」我直接回她：「媽，拜託不要這樣。嫂嫂都知道是妳叫我問的。最近的媳婦們很有自主意識，妳老是這樣，會被嫂嫂討厭。」就算我這樣說，她還是聽不進去。

我媽到底為什麼會這樣？我真的很擔心她哪天像定時炸彈一樣爆炸。我該怎麼做才能守護好這段婆媳關係呢？

A 妳讓這對婆媳相安無事地度過了四年，已經是很了不起的成就。

媽媽可能是把兒女當成精神上的配偶了。早早離婚的媽媽容易把兒女當成配偶的替身。哥哥做為媽媽的精神配偶，當哥哥結婚後，媽媽的生活有了什麼變化呢？媽媽開始對另一名精神配偶——女兒吐露難受的心聲，期待女兒能滿足自己的需求。

這位媽媽很可能把兒女當成負責滿足自己所有需求的人，這才是問題。因為父母妨礙了兒女長成心理、精神、經濟和生理各方面獨立自主的成人。

這位女兒問的是：「我要怎麼做才能守護婆媳關係？」多虧了她，媽媽和嫂嫂度過了四年的和平歲月。這位女兒不回應媽媽的閒話，盡可能不去干涉哥哥嫂嫂的生活，與哥哥嫂嫂保持一定距離，就連媽媽施加了強大壓力，也對媽媽的話充耳不聞，盡力保護哥哥嫂嫂的夫妻關係。我如果是嫂嫂，肯定會對她滿懷感激。

妳得從媽媽那裡精神獨立。

但是，這位女兒現在該做的，不該是守護婆媳關係，不讓媽媽和嫂嫂之間產生裂痕。她必須認知到自己過去四年扮演旁觀者的角色，如今已達到極限。面對她的拒絕傳話，媽媽很可能不接受，持續施加壓力，她也會因不答應媽媽而自責，和自己的底線產生衝突。

有沒有什麼方法，既能讓媽媽和嫂嫂維持和諧的婆媳關係，又能讓她從媽媽那裡精神獨立，過上自己的人生呢？女兒該怎麼做才好？

答案是拒絕，且是不內疚的拒絕。

我們很難拒絕他人，尤其是拒絕深愛的人時，我們不免會感到自責。即便我們很清楚拒絕是合理的選擇，但要對請求援助的深愛之人說出「不行」，終非易事，所以我們為了迴避微妙的不舒服感，通常會勉強同意對方無理的要求，導致疲憊感不斷增生。

為什麼拒絕他人這麼難呢？很多時候，我們擔心拒絕會讓關係變得不自在，或變得糟糕。其實拒絕他人是很簡單的事，關鍵在於拒絕之後，感到不舒服的心很難處理。像是這位女兒的情況，她必須具體整理出該拒絕媽媽要求的理由。

對這位女兒來說，真正重要的是什麼？在她煩惱媽媽和嫂嫂的關係之前，得先煩惱的是：假如媽媽想在媳婦面前當好人，因此利用了她，那麼她就得有足夠的意志，拒絕在這段婆媳關係間繼續投資時間與能量，如此一來，她才能從媽媽那裡精神獨立。這才是對女兒而言最重要的事。

母子之間需要來一場「分手旅行」。

這位女兒在拒絕媽媽要求的同時，一併提出解決方案會更好。女兒必須表達出「我不是因為煩才拒絕媽媽」，舉例來說，如果媽媽要女兒去問哥哥嫂嫂的旅遊行程，那麼女兒可以建議媽媽參考同輩朋友的旅遊行程更適合。

這個方法的重點在於，女兒在拒絕媽媽的要求時，也要給予同理。媽媽是母親，也是女人。女兒要站在同是女人的立場上去理解媽媽，請這樣說吧：

「媽媽妳曾經把哥哥當成人生的全部，現在哥哥結婚了，妳一定很空虛吧。嫂嫂好像只關心娘家人，不關心妳，妳一定很傷心，很羨慕吧？妳又怕跟嫂嫂直說，會搞砸妳跟嫂嫂的關係，所以開不了口，妳覺得跟我說比較自在，所以才告訴我的吧？」

首先女兒表達對媽媽的立場感同身受，稍微化解媽媽的煩悶心情。接著，女兒在拒絕媽媽時，不要說「妳老是這樣會被媳婦討厭」這種理由，媽媽就是知道會被媳婦討厭，所以才把壓力轉嫁到女兒身上，不是嗎？**請坦白說吧，「媽媽，我也很累。我希望妳能聽進我的話，也希望妳能幸福。現在我跟哥哥都得過自己的人生了。」**

最後還有一件事，請這位女兒跟哥哥好好商量。如果可能的話，讓哥哥和媽媽進行母子兩人的「分手旅行」吧，哥哥必須感謝媽媽過去付出的愛，好好告訴媽媽如今自己有自己的生活要過，也希望媽媽能好好過自己的生活。母子之間需要有告別的時間。媽媽送孩子離巢一定也很心痛。而女兒獨自承受沉重的包袱太久了，希望她也能因此放下包袱。

當子女們在精神方面變成父母配偶的替代性角色，幫忙滿足父母對配偶的要求時，這才是真正的問題。因為會讓子女會變得很難從父母身邊獨立。

讓子女心理獨立、不再扮演父母的精神配偶的最佳方法是：學會如何拒絕父母，又不使自己內疚的方法。我們因為害怕搞砸關係，所以很難拒絕深愛之人的要求。我們必須學習不會讓自己感到不自在，又能好好拒絕他人的說話方式。

「我爸常常一點小事就對家人發脾氣、惡言相向……可以斷絕父子關係嗎？」

爸爸的強勢，是因為覺得自卑又無能

爸爸總是對媽媽惡言相向，對子女口無遮攔，一天到晚發脾氣。大兒子不想再跟爸爸吵下去，甚至想斷絕父子關係。

Q

我是家裡三兄妹中的大哥，年紀三十出頭。因為我爸動不動就對家人生氣，讓我覺得心累。我爸總是碎唸責罵媽媽，對我們也沒說過什麼好話。爺爺奶奶說我爸從小就愛闖禍，跟爺爺奶奶的關係也不怎麼好，雖然現在他們的關係稍稍好轉，可是只要一提起以前的事情，爸爸就不高興。

我爸絕對不會說些「謝謝」、「對不起」之類的話，脾氣非常火爆，開口閉口就對媽媽說「連飯都做不好，你有什麼事做得好的？」，就連一點小錯也會大發雷霆。

老實說，我媽不怎麼會做菜，也不怎麼會做家務，不管是泡菜還是其他食物，她做得都不好吃。然而，就算她的廚藝不好，我還是無法理解我爸為什麼講話這麼傷人，我覺得我媽很辛苦、很可憐。就算我爸說再多的重話，她也不會回嘴，善良到讓人無言以對。爸媽鬧過好幾次離婚，因為當時我和妹妹太小，我媽才忍耐下來。而且在我爸說傷人的話之後，媽媽不但表現得若無其事，反而對我爸更好。她會把料理最好吃的部分給我爸、替他切好水果、先跟他搭話等等，讓我很無言。

只要我開口想維護媽媽，我爸就會說：「這小子，我小時候對長輩大氣都不敢吭一聲！」、「你去別的地方這樣試試看，沒大沒小！」以前我還會想跟我爸化解關係，現在我完全放棄了。我已經超過一個月沒跟他說話。我跟他就像是陌生人。

老實說，我想跟我爸斷絕關係，獨立生活，可是我還沒結婚，逢年過節又不能不見面……我該如何是好？

這世上沒有不期待父母親的支持和鼓勵的孩子。

這位男性的問題似乎是這個意思：「跟爸爸斷絕關係後，無論結婚、逢年過節都不去見爸爸，為人子女這樣也沒關係嗎？」

雖然父母偶爾也會討厭子女，但很少直接表現出對子女的厭惡，因為那樣做，父母會覺得自己變成了壞父母，因而自責愧疚。同樣地，子女當然有時也會討厭、抱怨父母。子女一方面很感激父母，一方面又因為鬱悶和心累想跟父母保持距離，偶爾想避不見面。子女也會因為那份討厭和抱怨的心情，覺得自己不孝而自我厭惡。

對這名男性來說，爸爸的意義是什麼？為什麼這名男性更同情媽媽？我推測，這名男性用對爸爸的憤怒表達對媽媽的感情。父母有時會把子女捲入夫妻問題中，採取策略讓孩子支持自己、疏遠伴侶。雖然這樣說很抱歉，但我認為這名男性的媽媽並不如他所想的善良。

一般來說，兒子雖然容易跟爸爸親近，但會更喜歡媽媽，偏偏我喜歡的媽媽已經有男人了，所以兒子在成長過程中會產生和爸爸競爭的意識，會留意叫做爸爸的男人是怎麼對待我喜歡的女人的。因為媽媽喜歡那個男人（爸爸）、對他好，兒子就會把他當成模範，長大後變成和他相似的男人。兒子渴望自己能被讚美，想超越父親，所以容易和父親競爭、反抗，也不乏有父子斷絕關係，兒子澈底從父親身邊獨立的情形。

父母吵架，夫妻關係變差，子女自然地會看某一方的臉色，就像這位男性一樣，他站在了看起來更可憐的母親一邊，因此討厭父親。

我的建議是，首先，這名男性最好先退出父母的婚姻生活。看到爸爸對媽媽惡言相向，媽媽不吭聲時，他有什麼感覺？這時，因為兒子想要獲得爸爸的肯定，通常會擔心自己像媽媽一樣屈服於爸爸——這世上沒有不期盼父母支持和鼓勵的孩子。而爸爸對孩子發脾氣、說出「不再提供孩子經濟資助」等氣話，則是希望孩子會屈服於爸爸的話語或行動，不是真的討厭孩子。

那麼這位爸爸為什麼老是發脾氣？因為他得不到家人的肯定。家人們雖然沒露骨地表達，可是都對爸爸有著既敵對又無視（？）的心態。這位男性提到「爸爸從小就愛闖禍」，這句話有著「爸爸的行為總是錯的」的涵義。爸爸為了家庭犧牲奉獻，卻從沉默的氣氛中感受到家人們並不肯定也不感謝自己，所以爸爸在家才總是發脾氣。

爸爸覺得自己得不到家人的肯定，又被瞧不起。

其實，我們會從言語、行為及表情傳達肯定的訊息。爸爸身為一家之主，希望自己能讓親愛的家人過得幸福舒適，如果從家人們的言行舉止中，感受到「不需要爸爸也可以、爸爸總是在給我們添麻煩」的訊息，這時爸爸很容易覺得自己不受肯定。站在爸爸的角度來說，不會做菜、不會做家事的媽媽，感覺就像瞧不起自己，所以他才生氣。**獲得他人肯定是男人存在的理由**。

那麼爸爸對孩子們發脾氣的理由是什麼呢?說來悲傷，不過都是因為愛。爸爸希望子女的未來能一帆風順，就算用威脅的方式也好，爸爸希望子女在自己還有能力支援的時候，趕緊站穩腳跟，所以才大發脾氣。爸爸在家裡愈沒地位，就會愈易怒。爸爸從家人身上感到諸事不順，進而感覺無能和自卑，所以他才生氣。

你說一點都不想修復父子關係，是真的嗎？

通常子女很難從父親們身上學到這些話：「我愛你」、「謝謝」、「對不起」。這對父子如果要修復關係，這位男性得先主動對爸爸伸出手才行。在此之前，這位男性在情感上得先和父母保持距離，尤其是跟媽媽保持距離。

還有，這位男性要先向父母表達那些「自己想從父母口中聽到的話」，請告訴父母想感謝他們的地方，肯定父母的辛勞。不過就算我們說出口，爸爸也有可能還是用發脾氣來回應，那是因為他第一次聽到這些話語，還不習慣而害怕做錯反應的緣故，請務必謹記在心，不要感到氣餒。

如果覺得為難，暫時不做也沒關係。想跟父母分開住也沒關係。因為自己的心情得先放輕鬆，才有辦法向父母好好表達自己的意思。反之，父母對孩子也一樣。

爸爸愛生氣的背後含意是：因為事事不順心，我非常傷心。如果想幫助爸爸吐露心聲，這位兒子自己得先過得幸福才行。

我們對父母有很多期望，反過來，我們從沒想過自己能給父母什麼，但是沒關係，因為這是父母子女之間常見的「單戀」。以這位男性的情況來說，就算他繼續埋怨爸爸也沒關係，因為那是孩子的特權。可是如果他長久處在這種狀況下，並感覺到痛苦，還是早日解開父子心結，與爸爸和解會更好。

爸爸對媽媽或子女大發雷霆的理由是想獲得認可，也是因為愛。

父母有時會把子女捲入夫妻問題中，用計讓孩子支持自己，疏遠伴侶。這位兒子討厭爸爸到想斷絕父子關係，但如果想改善父子關係，兒子就必須挺身而出，取得主導權，先努力同理爸爸的心；此外，不要再介入父母的夫妻關係，讓自己的精神和物質都完全從父母身邊獨立才行。

第四章

親子關係

當你覺得和對方處不來時，
更要好好說！

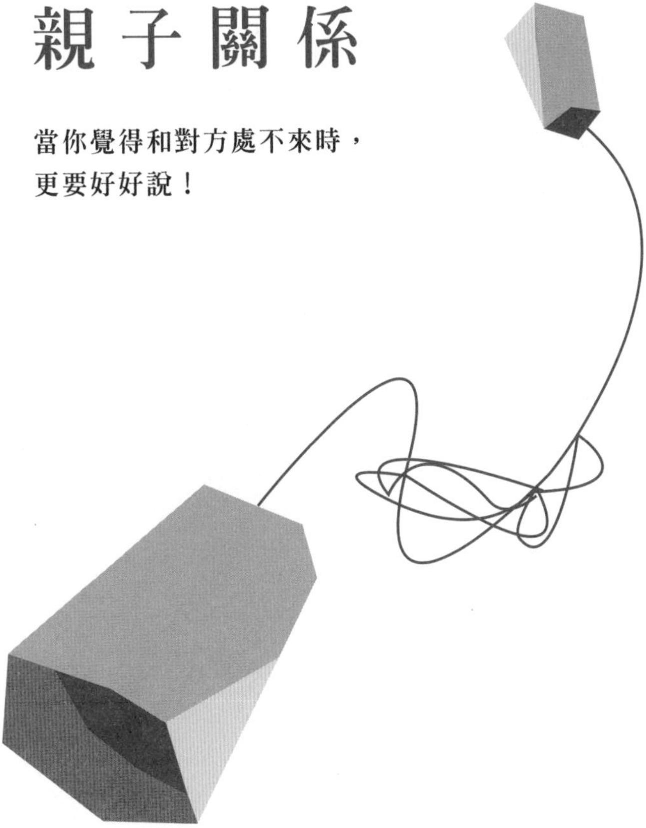

「我很討厭女兒，又因此而自責……我不曉得究竟要怎麼愛女兒。」

教養是父母的責任，但不是孩子的義務

這是一個媽媽的煩惱。她困擾自己沒有給予兩個女兒公平的愛。她很疼愛把自己的生活打理得有條不紊的二女兒，因此忍不住討厭不知感恩、散漫又任性的大女兒。

這位媽媽有兩個女兒，老大讀高二，老二讀國三。這位媽媽在生大女兒的時候，暫時離開職場，等到女兒三歲後，她才返回職場工作。由於老公每天都要加班，所以照顧孩子變成她一個人的責任，這位媽媽逼不得已辭職在家照顧孩子。雖然她很想工作，卻無時無刻忙於打理家務和照顧孩子。

加上兩個女兒性格非常不一樣，二女兒乖巧懂事，大女兒是個大麻煩，姐妹根本沒得比。這位媽媽雖然知道要給予孩子平等的信任和愛，耐心等孩子懂事也是父母理所當然的責任，可是母女倆一天到晚因為瑣碎小事起摩擦，她說自己每天都過得非常辛苦，甚至想放棄女兒。

比方說，她每天開車送孩子上學，但是大女兒非常注重儀容，總是為了打扮，每天在遲到邊緣徘徊，媽媽擔心她遲到，不得已只得一路狂飆。又例如，大女兒非常愛挑剔，總是讓她覺得心裡不舒服，在大女兒生日當天凌晨，這位媽媽替她煮海帶湯[7]，還買她平常喜歡的東西當生日禮物，可是大女兒不要說感激媽媽的心意，對媽媽準備的禮物甚至是連看都沒看一眼；每次她誠心誠意親手寫給大女兒的信，大女兒好像也都沒讀。

不僅如此，從大女兒唸小學開始，她就因為大女兒的交友問題傷透腦筋；大女兒

---

7. 韓國飲食文化中的重要食物之一。不僅孕婦在產後會喝海帶湯，為了紀念母親生育的辛苦，韓國人在生日當天也會喝海帶湯慶祝，有著健康、長壽的美好寓意。

凡事喜歡找藉口；書桌亂七八糟，像個垃圾堆，不會自動自發收拾；性格差勁不在話下，這位媽媽被班導找去學校已經不只一兩次了。

二女兒跟大女兒完全不一樣。二女兒早上起床後就會整理床鋪，利用上學前的時間做課前預習，自動自發吃早餐，準時出門上學；吃飯時，二女兒會乖巧地替媽媽準備小菜和餐具；媽媽累的時候，二女兒會主動曬洗衣機裡洗好的衣服，拿起吸塵器打掃家裡；二女兒不管是性格或同學之間的人際關係都很好，老師們經常問她是怎麼把女兒教得這麼好的。

這位媽媽來找我諮商的問題是，她會拿兩個女兒互相比較，一比就更討厭大女兒，但同時也會對自己抱持這樣的想法感到十分愧疚。這種反覆的心情，對她來說是種折磨。她認為孩子的存在本身就是一件值得感激的事，自己應該無條件給予愛，卻事與願違。

這位媽媽每天都會反問自己好幾次：「我有當母親的資格嗎?我該怎麼真心愛女兒呢?」

愛女兒是理所當然？世上沒有所謂的理所當然。

不求回報，無私奉獻的愛能維持多久？一個不愛我，不懂感恩，不會肯定我給予的愛的人，我們能單戀這個人多久呢？你能愛一個不值得愛的人嗎？

不可能。

為什麼愛叛逆期的孩子比愛幼年期的孩子辛苦？因為是一場是沒有回報的單戀。幼年期時，父母給予孩子愛，孩子會回以笑容和撒嬌，可是叛逆期的孩子不會這麼做。父母也是人，愛人的時候也會懷有期待。當我愛的人不懂我的心，我的心情會如何呢？傷心是一定的吧。希望孩子懂事、對孩子抱有期待是很自然的事，不過請這位媽媽把那份期待分給自己一點吧。大家都說不要拿孩子做比較，同樣地，也請不要把自己跟別的父母做比較。

這位媽媽需要自我肯定。在種種困境中，這位媽媽努力盡到為人父母的責任，也很努力地過著自己的人生。讓她傷心的是，大女兒把她的付出視為理所當然，所以她獲取不到成就感，缺乏自信。

父母給予子女無私奉獻的愛，子女也理所當然要尊敬孝順父母嗎？

我再說一次，這個世上沒有理所當然的事。

父母愛子女很容易，子女要懂得愛父母並不簡單。那些被侷限在傳統觀念的人，在愛人時會發生什麼事？他們會為了減少愧疚，對對方更好，但如果沒得到對方的回報，反而會更傷心；如果對方沒出現他們所預期的反應，他們就會生氣，生氣過後，再次後悔與自責，重新對對方好，陷入無窮迴圈。這到底在搞什麼？

這位媽媽真正需要的是什麼？在我看來，**這位媽媽需要的不是學會怎麼愛女兒，而是需要「被愛」**。媽媽也是人，也是女人，所以需要被愛。這位媽媽現在有從誰的身上得到了愛呢？媽媽想被孩子愛，實際上是因為媽媽從其他人身上得到的愛有所不足所致。請不要讓孩子彌補那份不足。

使孩子懂得感激父母的養育之恩、對父母要有禮貌，教養是父母的責任，但不是孩子的義務。

請對自己誠實吧。妳夢想中的「犧牲奉獻的愛」沒那麼容易。

請不要內疚，覺得自己是個差勁的父母，也不要為了當個好父母才愛女兒。

請想一想不管女兒怎麼對我，我也能發自內心地接受，願意替女兒做的事有哪些：供她溫飽？開車接送上下學？在家裡給予她無微不至的照顧和監督她念書？除此之外還有什麼，請寫成清單吧。

這位媽媽需要「冷淡」的愛女兒。所謂冷淡，指的是愛的管教。父母因為愛孩子，所以希望把孩子教育成懂得感恩圖報、自律的人。真正的愛，不是父母替孩子的選擇負責，而是要看著孩子懂得為自己的選擇負責。真正的愛是，孩子不聽父母的話，硬是走到父母說不能走的路上因此摔倒，父母不去扶他起來，而是等待孩子自己爬起來。

還有，所謂公平的愛是滿足孩子的真正所需。這位媽媽的大女兒需要的是「愛的管教」，二女兒需要的是「讓她去做符合年齡的事」。通常家中老二一出生，就學會如何在跟老大的比較中獲得大人的愛，老大雖然背負著父母的殷殷期望，但曾獨佔父母的愛，非常熟悉萬千寵愛於一身的感覺，明白就算不努力也能擁有愛。老二則跟老大不同，就算是小小的愛也得靠努力才能得到，所以老二會努力回報父母給予的愛。正因為比起給予大女兒的愛，父母從老二身上會得到更多的回報，因此更疼愛老二。

這位母親的悲傷從何而來？

經我翻譯，這位媽媽的悲傷情緒背後意義其實是：「我可以從心愛的女兒身上獲得相等的愛嗎？」這位媽媽對於無法得到心愛之人的愛，感到悲傷與挫折。媽媽為了心愛的女兒放棄了工作，女兒卻不當一回事；媽媽把女兒當成人生的第一優先，女兒卻沒有同樣對待媽媽。

我們什麼時候會覺得自己在對方心中很重要呢？我想大概是：我因為某些事情而難受，對方能馬上讓我開心起來的時候。

「在對方心中佔有重要位置」是愛的本質之一。如果丈夫滿足不了太太的這種期待，太太就會把期待轉移到孩子身上，尤其是老大身上。當這位媽媽抱怨自己開車很辛苦，冷漠說著「關我什麼事」的女兒，讓這位媽媽有多傷心，可想而知。

這位媽媽該從誰身上得到不足的愛？我認為她十之八九對老公心存不滿，從現在起，請先恢復和老公的關係，化解對老公的不滿。還有，請把孩子當成孩子去愛，該罵的時候就得罵。

沒有多少人能長久地無私奉獻而不求回報，就算是自己的孩子也一樣。如果孩子不能了解媽媽的愛，每天犯同樣的錯誤，媽媽當然也會討厭孩子。

媽媽要對自己誠實，掙脫內疚感。這位媽媽侷限於固定思維，可能會怨恨不幫忙育兒的老公，覺得老公是「自私的壞丈夫」，逃避為人父、為人夫的責任。自認為理所當然的事卻不如預期發生時，很多人往往會因此感到憤怒。這位媽媽問我：「媽媽給孩子無條件的愛，不是理所當然的嗎？」

不，世上沒有所謂的理所當然。

「原本乖巧聽話的兒子變得頑劣。為什麼兒子突然變成這樣？」

不要害怕叛逆期，那是讓孩子獨立的起點

這位媽媽表示兒子小時候很乖，經常說一些替媽媽加油的話，而且會幫媽媽忙，萬萬沒想到，兒子長到九歲後變了個人。兒子現在不愛唸書，愛跟弟弟吵架，總是牢騷滿腹，常常在抱怨不滿。她想知道當初那個聽話的乖兒子跑到哪裡去了？

Q

這位媽媽養育著三個孩子，分別是十四歲、九歲和五歲，因為二兒子帶給她許多煩惱，於是來找我諮商。

她的大女兒在小學六年級時進入了叛逆期，幸好平安度過，現在已經是一個國中

生。在大女兒叛逆期的時候，除了老公，二兒子是給予她最多力量的人。那時候，二兒子總是會說：「媽媽，我不會像姐姐一樣讓你煩惱。我會乖乖聽你的話，所以你不要傷心。」當時這位媽媽因為二兒子的話得到了很大的安慰。

然而，二兒子近來心情起伏變得很大，討厭唸書不說，每天只跟朋友玩手機遊戲，玩輸了就摔手機，破壞力驚人，以前他從不會這樣。除此之外，二兒子有時跟弟弟玩得好好的，會突然發脾氣推弟弟，害弟弟摔倒；二兒子也不知道從哪裡學了不雅的字眼，飆髒話不眨眼。如果媽媽制止他，他會反嗆媽媽少說教，不關媽媽的事。二兒子也跟爸爸聊不來，不管怎麼叫他回爸爸話，他就是全程不發一語，就連爸爸下班回家也不會打招呼。唯一慶幸的是，二兒子還願意跟媽媽說話，經常告訴她：「媽媽，我很不爽。」

這位傷心的媽媽問，二兒子不過才九歲，叛逆期是不是來得太早了？她好奇二兒子是不是有精神問題？問題究竟出在哪裡？

A 你怎麼把「我會一直乖乖聽媽媽的話」當真了呢。

這位媽媽問我問題出在哪裡，她相信二兒子的這句話，就是最大的問題。無庸置疑，二兒子說那句話的時候是真心誠意的，因此當時能撫慰媽媽的心。不過如果二兒子現在跟說「會聽媽媽的話」那時候一模一樣，心意完全沒變，反而才是問題。

首先，請感激、珍藏孩子那時候的真心，但這位媽媽必須理解（雖然可能伴隨著慌張），二兒子的叛逆期的確提前到來了。當年老大的叛逆期宛如颱風過境般，把家裡弄得天翻地覆，如今家庭重新找回和平沒幾年，其他的孩子又迎來了叛逆期……這樣說絕對不是事不關己，不過孩子的叛逆期在九歲就找上門反而該為此慶幸。

通常在不安穩的家庭環境中，孩子會提前長大。產生叛逆期、經歷著成長痛的孩子，正意味著父母給予孩子安心成長的環境，才讓孩子有餘裕叛逆，不是嗎？

那麼這位媽媽該怎麼做才好？

兒子說「媽媽，我很不爽」的時候，請不要回答「小小年紀能有什麼不爽？」

其實，兒子不把錯怪到他人身上，而是選擇說「我很不爽」，表示他是個懂事的孩子，懂得用「我訊息」[8]來傳達需求。請媽媽讚美兒子這一點，感激他願意告訴媽媽這些話。我建議媽媽的表達方式如下：

1. 「你哪裡覺得不滿意，可以告訴我嗎？」，並且好好傾聽兒子的話。
2. 「你希望怎麼改善這些不滿？」（使用正面的言詞提問）
3. 「為了改變這種情況，你能做些什麼？」（引導孩子自己解決問題的能力）
4. 「爸爸跟媽媽能幫忙你什麼？」（適時幫助孩子）

如果孩子希望父母伸出援手，那麼夫妻商量後決定是不是同意給予幫助就行了。這種時候，如果媽媽跟老公的關係融洽會更好進行。

還有，這位媽媽必須提出具體的要求，希望二兒子怎麼改變他的行為，比如說，「我希望爸爸下班回家的時候，你能跟他打招呼」、「我希望就算你生弟弟氣也不要動手，好好用嘴巴說。」這位媽媽必須跟二兒子常常進行這類的對話，才能減少二兒子發洩不滿的次數，並且能培養二兒子解決問題的能力。**請不要把「表達不滿」看成壞事**，他會感到不滿，代表他期待自己能變得更好。這時候父母可以幫助他思考現在的困境以及應對策略，這是培養孩子對自己的行為負責的契機。

叛逆期的兒子跟爸爸聊不來，只跟媽媽說話，是很常見的現象。因為處於叛逆期的孩子正在學習掌握與人的距離，而精明的爸爸不會輕易讓孩子踩線，所以孩子往往跟爸爸話不投機，更喜歡跟比較沒界線的媽媽相處。這時，媽媽的態度很重要，不能說「我是沒關係，但是你不能這樣對爸爸」，而是**必須說「你要盡好自己的本分，才能得到你想要的東西。如果你需要幫忙，媽媽會跟爸爸商量是不是要幫你。」**這句話代表「媽媽跟爸爸是一國的，是互相支持的關係。我們很在乎我們給予你愛的方式。」

8. 同註3，第七十九頁。

這位媽媽應該同理二兒子表達的不滿，幫助他用正面的言語表達自身需求，協助他了解行為的界線，懂得替個人行為負責。

如果是有好幾個孩子的家庭，父母必須了解孩子們的叛逆期不會一起到來，度過一個颱風，下一個颱風就會變得比較輕鬆了嗎？不會。就算做好最萬全的準備，每個颱風都是不一樣的颱風。在孩子的叛逆期來臨之前，父母應當思考的是：在疲憊的時候互相安慰，成為彼此支柱的方法。

九歲的孩子也有可能迎來叛逆期。孩子九歲就經歷成長痛，意味著父母提供了孩子穩定情緒與安心長大的家庭環境。

父母聽到孩子抱怨連連，反而要感謝孩子願意把他的不滿說出口，可以詢問孩子覺得應該怎麼改善他的不滿，希望父母怎麼幫他，然後再由兩夫妻商量決定幫助孩子的方式。

「媽媽長時間不在孩子身邊，讓外公外婆帶大，是不是對孩子不好？」

放棄當好自己的人，是不可能成為好父母的

為了育兒，放棄職場並不容易。這是一個職場媽媽的煩惱。這位媽媽把剛滿周歲的女兒交付給娘家父母照顧，總是覺得放心不下，再加上娘家住得遠，她沒辦法常常看到女兒，更是愁上加愁。

職場媽媽最大的煩惱之一就是育兒。來我諮商的人中，不乏三十五歲左右，即將回歸職場，卻對孩子牽腸掛肚的媽媽。她們一方面不甘心放棄經營將近十年的職場，一方面又不放心把剛滿周歲的孩子交到別人手上。

其實，這位媽媽的娘家父母能照顧外孫女，已經是運氣很好的人了。她在意的是，現在住的地方跟娘家距離約三到四個小時車程，平日不能經常探望女兒，擔心無法形

成正常的親子親密關係，也擔憂會影響女兒的性格養成。

Q

如果我放棄職場當全職媽媽，家庭經濟會亮紅燈，而且一旦放棄，好像就很難重返職場了。但老公也不能不工作，不得已之下，我們決定把女兒託付給我爸媽。把十二個月大的女兒交給娘家，是可以的嗎？雖然我很清楚沒人能比我爸媽更關心外孫女的了，可是我聽人家說，孩子在三歲前跟媽媽度過的時間很重要，孩子的情緒會受到媽媽深刻的影響。我很怕女兒會覺得孤獨，影響她的性格養成。孩子跟外公外婆度過的時間，比跟爸爸媽媽度過的時間長，真的會產生性格障礙嗎？我真的太害怕了。

A

相較於親子相處時間長短，陪伴的品質更重要。

「孩子在三歲前跟媽媽度過的時間很重要」、「孩子的情緒會受到媽媽深刻的影響」，這些話的確沒錯。不過我想補充一句，**父母與孩子相處的時間，不只三歲前很重要，是一輩子都很重要**。還有，孩子會感到孤獨，是在孩子沒有形成親密人際關係時才會發生，例如大人對孩子不聞不問，孩子才會產生孤獨感。現在照顧女兒的人是外公外婆跟爸爸媽媽，女兒又怎麼會感到孤獨？

雖然孩子和母親一起度過的時間很重要，不過這位媽媽也得記住，要是妳一直維持著忐忑不安的心情，這種情緒也會感染給女兒，尤其是內疚的情緒，對女兒造成的影響更大。

不論是職場媽媽或是全職媽媽，整天跟孩子在一起，有在一起的煩惱；因為工作或是唸書的關係，沒辦法陪在孩子身邊的媽媽，也會有不在一起的煩惱。這位媽媽真正該思考的是如何提高「陪伴的品質」。父母必須努力創造美麗的親子回憶。父母的幸福愉快是打造良好陪伴品質的核心關鍵，所以父母們學會壓力管理是很重要的。我會建議這位媽媽透過運動、睡眠、玩樂、夫妻對話和結交朋友等各種方式，紓解自己的壓力。

另一件重要的事是，這位媽媽必須與娘家父母溝通養育和管教女兒的原則。如果兩代教養缺乏一貫性，又或者是沒有共享原則，女兒知道哪一邊比較好說話，會更依賴那一方。女兒也許會把外公外婆當成爸媽，不過父母不用因此傷心內疚，孩子對更親的一方形成依附關係是不可避免的情況。

孩子情緒發展的最大敵人，是媽媽的內疚感。

媽媽太過內疚，對女兒反而沒好處。請這位媽媽在和女兒分開的時候，絕對不要說謊，建立一個和女兒告別的儀式，就算女兒因為媽媽要離開而哭泣，每一次與女兒告別時也一定要進行這個儀式，清楚告訴她下次見面的時間。

由於孩子的自我形象認知，源自於媽媽的自我形象認知，兩者會大量重疊，因此這位媽媽必須先認同自我存在的價值（例如工作能力），並且必須好好傳達給女兒。外公外婆在外孫女面前，多多讚美爸媽的優秀也是很好的方法，這麼一來，女兒會產生對父母的好感。在親子關係中，比起父母缺席帶給孩子的影響，在父母缺席時，負責照顧孩子的人的態度，對孩子的影響更大。

如果媽媽希望培養女兒的情緒穩定性，那麼請牢記，媽媽的過度不安或憂慮會傳染給女兒。**這位媽媽最需要投注心力的地方，是好好經營自己，好好經營一段親密的夫妻關係**，可以從最基本的做起：清楚明確告訴老公自己的需求和要求。我一直強調，放棄當一個好妻子、好丈夫的人，是不可能成為好父母的。

順道一提，當父母和孩子分隔兩地的時候，父母結交能支持自己的朋友社群是個不錯的方法。父母得先充飽電，才能創造高品質的親子陪伴。

從我的親子諮商實務經驗看來，父母們很清楚怎樣做對孩子好，也大致知道該做出何種言談舉止才不會帶壞孩子。可是當父母的疲憊達到極限時，父母會變得暴躁易怒、口不擇言，難免做出日後百分百會後悔的行動。雖說父母向孩子們展示人性的一面也無妨，可是如果是鮮有時間陪伴孩子的父母，不妨花點時間照顧自己，這會是提供孩子高品質陪伴時的無形資源。

經常聽到職場媽媽因為工作的關係，不得不把年幼的孩子託付他人，這種媽媽最常見的煩惱就是擔心孩子的情緒發展和性格養成出問題，再加上經常有人說：媽媽要多陪伴三歲以前的孩子，親子時光非常重要。事實上，父母與孩子相處的時間，不只三歲前很重要，是一輩子都很重要。而相較於親子時間長短，陪伴品質更重要。

父母要幸福，孩子才會幸福。父母總是戰戰兢兢，擔心不在身邊的孩子出差錯，對孩子的成長相當不利，反之，父母平時作好壓力調適，維持良好的夫妻關係，這才是對孩子成長有好處的行為。放棄當一個好妻子、好丈夫的人，是不可能成為好父母的。

「我太討厭老大、太偏心老二……我竟然是個討厭孩子的媽媽！」

父母也是人，當然有可能討厭孩子

這是一個媽媽的故事。她說自己討厭娘家父母帶大的女兒，更厭惡討厭女兒的自己。女兒比起媽媽，更喜歡外婆。她對女兒已經不只是生氣，有時是極度的厭惡。

不管活到幾歲，每個人心目中都有理想的家人關係，比方說，「自古以來，一家人就是應該這樣」、「父母對子女的心應該是這樣，不應該是那樣」，可是這是因為不清楚人心的本質才會這樣說。

家人稱謂，比如說媽媽、爸爸、女兒，和兒子等，代表的不是兩個人的血緣關係或是法定關係，而是代表著我們對於家人角色和責任的期待，以及我們因為發自內心愛著對方，所做出的合乎稱謂的言行舉止。家人之間的愛理應永遠存在，若這份愛不再持續，至少家人稱謂還有最基本的作用：保證上位者有照顧下位者的責任。

簡言之，媽媽當然可以討厭孩子，不一定他真做了什麼壞事，媽媽也可能光看孩子吃飯的樣子就討厭他。因為媽媽也是人，一個人喜歡或討厭另一個人是再自然不過的。在子女中，媽媽會偏愛某個孩子，也會比較不疼愛某個孩子。打個比方，從小被媽媽帶大的孩子，跟從小不是被媽媽帶大的孩子，媽媽會怎麼看待這兩個孩子呢？無論如何，媽媽一定會更喜歡從小親手帶大的孩子。這是人之常情。

「我是育有一子一女的媽媽。因為是雙薪家庭，女兒四歲前都住在娘家，直到兒子出生，我向公司辭職，親自回家帶孩子，才把女兒一起帶回家。不知道是不是因為這樣，八歲的女兒非常不聽話，被外婆寵壞了。如果我教訓她，她就會鬧彆扭不說話，犯錯不知悔改。我實在非常討厭和外婆親熱無比、有說有笑，對我卻十分冷淡的女兒。」

這位媽媽養著一雙兒女，開始帶孩子的年紀不一樣，大女兒是四歲，二兒子是一出生就自己帶，所以她對女兒和對兒子抱著完全不同的心情與期待。因為一起生活的時間不同，比起女兒，這位媽媽當然更疼兒子，同樣的，女兒對媽媽和奶奶的態度不同也很自然。再者，這位媽媽在照顧兩個孩子時，不管怎麼說，一定更在意較年幼的兒子，的確有可能減少了對女兒的注意力和感情。當女兒表現出不安情緒，這位媽媽應該要給予女兒更多愛卻沒能辦到，導致母女關係更加惡化。

「雖然我很討厭女兒，可是她的本性並不糟。我偶爾會發現她撒謊，我知道她是怕被我罵才撒謊。女兒個性散漫，有時候會做出讓人受不了的行為，可是不管我怎麼教訓她，她始終不改。我已經不只是生氣，偶爾會非常討厭她。哪怕只是看到她吃飯，我就覺得煩。『身為媽媽，這樣是可以的嗎？』的想法不停地折磨著我。我必須接受專家諮商，想辦法改善這段母女關係，我實在太茫然，太鬱悶了。」

A 請不要太過責備討厭女兒的自己。

這位媽媽的問題不是討厭女兒，**是不尊重討厭女兒的自己的心**。請不要太過責備討厭女兒的自己。如果我按這位媽媽的期望，提供「專業諮商建議」，她原本覺得「我得這樣做」的刻板思維，也許會陷入另一種刻板思維：「我這樣做更好」。

具有刻板思維的人，只要孩子的行為不符合他們的標準，就會覺得不順心。而當他們分析自己為什麼不順心時，也會掉入刻板思維，認為「媽媽得這樣才行、媽媽不應該那樣」，結果讓自己更加不開心。如此一來，他們會把問題歸因到奇怪的地方，陷入惡性循環。以現在這個案例來看，這位媽媽錯把自己生氣的原因，歸因於女兒太不聽話，而沒有想到是自己的認知出了錯，結果變得更加討厭女兒。

為了減輕內疚，請不要因為對女兒超好，女兒卻不買單而傷心。

那麼這位媽媽要怎麼修復母女關係呢？

媽媽說討厭女兒，背後隱含了這個意思：「（雖然沒有根據）我相信孩子天生都會依賴媽媽，我的女兒卻不是這樣，所以我討厭她。」說不定這位媽媽會討厭女兒，是因為女兒有某些部份很像媽媽討厭的自己，或是媽媽討厭老公的地方。在修復這段母女關係之前，這位媽媽得先觀察和自己的關係、和老公的關係，以及自己愛不愛自己，愛不愛老公，是不是連兩人的缺點都愛呢？

這位媽媽會因為太討厭女兒而內疚。為了減輕內疚，便在不知不覺間過分疼愛女兒，但女兒依然故我，不改掉壞習慣，總是一再犯錯，媽媽當然會更生氣。實際上，溺愛女兒是媽媽個人的選擇，媽媽因自己的選擇感到心累，卻把責任轉嫁到女兒身上，所以更討厭女兒了。就算媽媽意識到這一點，減少對女兒的溺愛，也只能達到一時的效果。

請回想一下僅僅因為孩子的存在就很開心的瞬間。媽媽必須確切掌握討厭女兒的真實原因，到底是討厭自己的無能呢？或是討厭老公的漠不關心？又或是真的討厭女兒的性格？

如果這位媽媽有能聊這些事的朋友會更好。請朋友給予媽媽支持與共感，能使媽媽自由。此外，也請這位媽媽好好審視夫妻關係。因為很多時候，父母對孩子的厭惡，源自於對配偶的厭惡。希望這位媽媽一定要跟老公好好溝通。

外婆是女兒童年時的主要照顧者，所以女兒長大後，比起媽媽的話，當然會更聽外婆的話。而比起外婆帶大的女兒，媽媽跟自己親手拉拔大的兒子的依附關係更強烈，也是理所當然的。媽媽如果不承認這一點，對沒能親手帶大的女兒抱有內疚感，到最後反而會把自己怨懟女兒的原因歸因到女兒身上。

媽媽也是人，當然有可能討厭孩子。學會尊重自己的這種心情非常重要。如果媽媽被困在父母和子女之間「就是應該這樣才對」的刻板思維中，會逐漸對這樣的自己感到厭惡，變得疲憊，進而把過錯推到孩子身上，形成惡性循環。

「女兒每天都要確認我愛不愛她。希望她不要總是感到不安。」

每天說「我愛你」是很正常的事

這位媽媽說自己讀小學二年級的大女兒太會看臉色，總是看媽媽和朋友的臉色，不斷地包容與體諒別人、對別人讓步。看在媽媽眼中，非常不捨。這位媽媽希望女兒在任何情況下都能過得開心自在，並且深信媽媽永遠愛她。

Q

我是一名職業婦女，大女兒九歲，小女兒七歲。多虧公司的體恤與娘家媽媽的幫助，我才能在家上班兼帶小孩。天下父母心，我最大的心願就是望女成鳳，所以看了非常多的育兒書籍，兩個女兒都是照書養，我知道自己有很多不足，但已盡我所能。

小時候兩個女兒吵架，討厭手足爭吵的我，總是叫大女兒讓步。也許是因為我的生長環境和女兒們不同，所以這方面我沒有照育兒書教的，用各種詞彙安撫大女兒受傷的心情，導致大女兒總是看我的臉色行動，在學校也花了很多心思照顧同學。我非常在意這件事，總覺得女兒過得好辛苦。是因為她小時候我太常責備她嗎？還是因為她天生就是這種個性？

大女兒看似活潑，實際上非常內向。在家常常表現出心煩，也會發牢騷，可是不管是幼稚園或是國小的老師們，都一致讚美大女兒很懂得照顧別人，誠懇待人。她今年升國小二年級，當上全校副會長，卻常說自己很累很煩，因為同學們起衝突時，她總是忙著讓同學們消氣。昨晚她也很擔心地問我：「媽媽妳看起來心情不好，是因為我嗎？」

大女兒懂得體諒包容他人，對他人讓步，我很喜歡她這種性格，可是我聽人家說，情緒壓抑久了，總有一天會大爆發，還是要坦白說出自己的需求，我想告訴她：「不用太在意別人的心情，媽媽和同學們心情不好不是因為妳，就算妳讓媽媽生氣，媽媽愛妳的心也不會變。」

我還應該對她說什麼嗎？我希望她能不用看人臉色，在任何情況下都能過得開心自在。她經常在確認我愛不愛她，問我：「媽媽最喜歡誰？」我總是回她：「還有誰？當然是妳！」

我要怎麼做她才不會一直確認我的愛，不用問也能確信媽媽是愛她的呢？

A 一看就知道妳太追求完美了。理論和實踐是不一樣的，所以妳才會這麼內疚和受挫。

這位媽媽問題非常多，看得出來是真心想養好女兒的媽媽。雖然明白育兒理論，卻很難把育兒理論落實在日常生活中。不要說是新手媽媽，就連諮商專家也得經過學習理論、累積臨床經驗和專業指導才能成為真正的專家。再者，在工作上發揮所長的專家們，把同樣的知識用在自己或家人身上時往往行不通。看太多育兒書的人，因為無法順利的把書中所學知識實踐出來，最容易遇到的困境就是挫折與自責。

這位媽媽必須改變跟女兒的對話方式，應針對女兒在意他人情緒的部分，對孩子的能力和優點給予肯定，「因為妳是同理心強的孩子才會這樣，這是妳的優點，但也可能會造成妳的麻煩」。接著，媽媽必須對女兒說明情緒產生的根本原因，「人會不開心不是因為別人，是因為對對方有所期待」。

「媽媽生氣的時候是因為媽媽有想要的東西，可是事情不如媽媽所想，媽媽才生氣，並不是妳的錯。希望妳能在媽媽生氣的時候問我：『媽媽妳真正想要的是什麼？』也許媽媽生氣的時候，會讓妳覺得媽媽似乎不愛妳了，其實不是的。就算我對妳生氣，我一樣愛妳。」媽媽要對女兒說清楚自己的狀態。

再來，如果媽媽能向女兒提問，進一步同理孩子的狀態會更好，比方說，「當妳覺得媽媽是因為妳才不高興的時候，妳是什麼心情？」媽媽要幫助女兒釐清思維和情緒，並且多多進行肢體接觸。母女之間經常擁抱牽手，有助女兒的情緒得到穩定，也能讓大腦好好發展，有助調整情緒。

女兒覺得別人不開心是因為自己，這句話背後的真實含義是什麼？代表對方不開心的表情或負面情緒已經影響了女兒，讓女兒覺得自己傷害了對方。這時候女兒的心情如何？可能是擔心，可能是感到害怕，這類負面情緒是一種求救信號，媽媽要準確掌握那個信號，就必須先了解女兒的負面情緒。

由於這位媽媽比起用感性詞彙表達情緒，思考方式更接近於男性：以解決問題為目標導向，所以女兒能從媽媽身上學到的感性詞彙不多。

我建議媽媽多進行共感練習，成為女兒的傾聽者，少說「不要那樣」，請說「站在你的立場，那樣想也不奇怪」。媽媽必須弄清楚自身情緒和想法，不要把情緒歸因到自己或對方身上，尋找彼此的需求（needs）吧。另外，媽媽也要懂得分辨哪些事是媽媽該做的，哪些事是媽媽幫孩子做的。

孩子每天確認媽媽的愛，就像女人每天確認男人的愛一樣。

感到不安的孩子，心情需要一段時間才能真正的穩定下來，確信媽媽是愛自己的。這是因為人類本來就是不穩定的存在，孩子確信自己被媽媽愛著，就像一日三餐一樣不可或缺。那該如何向孩子表達愛呢？

女兒問「媽媽最喜歡誰？」的時候，請反問她「你覺得媽媽什麼時候最愛你？」（這也是許多女人想猜出男人的心時會問的問題）。媽媽可以鼓勵女兒說出什麼時候覺得媽媽是愛她的，也許是從心情上感覺到，也許是從肢體接觸感覺到，之後媽媽要藉由這些方式，表達對女兒的愛，像是緊緊擁抱也是一個很好的表達愛意的方式。媽媽還得告訴女兒，愛是不言而喻的，不是一種幻想。愛不是一次性的，不會說一次我愛你，或是用一次的行動表現之後，愛就結束了。

我們必須每天滿足對愛的渴望，就像早上吃了早餐，中午和晚上一樣會肚子餓一樣，我們不會認為自己只吃一餐就都不會餓吧。同理可證，這位媽媽為什麼希望大女兒不用每天確定愛，就能確信媽媽愛著自己呢？是因為媽媽被問得煩了嗎？還是因為媽媽的母愛容量空了？媽媽的愛也需要每天補充，如同花草需要天天澆水般，愛也需要每天確認。

父母要幫助孩子邁向獨立，引導孩子自己解決問題。

女兒說自己疲於讓同學們消氣，結果搞得自己每天都很累。為什麼會累？因為付出努力，結果卻不如預期而受挫。我們體內有一種叫做「血清素」的賀爾蒙，能讓我們產生克服挫折的力量。血清素能調節情緒起伏，不讓情緒過於浮躁或低落，縱使遭受失敗與挫折，血清素也能抑制憂鬱的情緒，使我們能重新站起，繼續努力。人腦會分泌血清素，假如個體在兒童期與青少年期分泌系統發育未完善，有可能造成該個體的情緒嚴重起伏。孩子從小就要練習活化血清素系統，叛逆期才不會過得太辛苦。

另外，媽媽從小就要培養孩子面對壓力的心理承受力，亦即「彈性」（resilence）。彈性高的孩子，承受再重的壓力也不會倒下或逃跑，能一面承受壓力，一面尋找聰明的解決對策。

沒有任何一個孩子從一開始就有高彈性，父母的幫助不可或缺。至於具體的做法是怎樣的呢？

1 積極傾聽與共感

當孩子表現出受到很大的壓力時，父母要好好傾聽孩子的話，表現出同理心和支持。父母的共感和支持，能讓子女不覺得孤獨，不會把錯歸咎在自己身上，不因此而難過自責，並且能獲得重新站起的正面心態。

2 告訴孩子失敗也沒關係

父母可以告訴孩子任何事失敗都沒關係，重來就好了，不管結果如何，父母永遠都是愛他們的。有些人不容許自己犯錯，因而時時刻刻都在承受壓力的折磨。父母要打從心底接受孩子有可能落後、有可能犯錯或失敗，不要造成孩子的壓迫感或不安。當孩子心情放鬆，才能充分發揮他們的能力。

3 不是事事都要父母出面解決

父母的幫助要適可而止。如果父母不相信孩子，孩子碰到問題就急著出面解決，孩子日後會習慣依賴父母，不動手解決問題。哪怕再辛苦、再生疏，父母也要學會放手，讓孩子自己嘗試解決問題，從克服困難的過程中，孩子的彈性和自信能獲得成長。

4 要有能釋放壓力的休閒娛樂

各類運動、舞蹈與遊戲都有助體內分泌血清素；或是閉上眼聽平和的音樂，冥想一些美麗畫面或風景也一樣有效。冥想時配合腹式呼吸與深呼吸，能提供大腦氧氣，促進大腦活性化。建議父母在每天固定時間，帶著孩子一起反覆練習深呼吸。

有些孩子擅長看別人的臉色，習慣體諒和禮讓他人，只要媽媽一生氣，就覺得都是因為自己的緣故，朋友生氣也會懷疑是不是自己做錯事。這種孩子會每天確認媽媽愛不愛自己，並不令人意外。孩子並沒有問題，是她有很高的共感能力所致。這位媽媽要肯定女兒的共感能力，多多讚美她。還有請告訴她，媽媽生氣不是因為她，是媽媽的需求受挫，父母要多向孩子提出問題，以感受孩子的狀態。

孩子每天確認媽媽的愛是很正常的事，正如同花草需要每天灌溉般，愛也需要每天確認。

「女兒只和男孩玩得來，讓我很苦惱，也讓我的自尊很受傷。」

用女兒滿足自我成就感的你，已經越線了

這是一個自尊低落的媽媽的故事。這位媽媽很苦惱女兒的人際關係，女兒和其他女孩動不動就吵架，媽媽邀請其他女孩來家裡玩，女兒也愛理不理，說自己跟她們不合拍，只跟男孩玩得來，讓媽媽覺得很傷自尊。

Q

這是一位育有小一獨生女的母親，因為女兒的交友問題向我申請諮商。這位媽媽表示雖然家裡只有一個孩子，但是自己不會溺愛女兒，該嚴格的時候就會嚴格，該拒絕的時候就會拒絕，女兒想買的東西也不會什麼都買給她。

然而，這位媽媽深深煩惱著女兒的交友情況。她說不知道是不是因為女兒性格活

潑，喜歡和男孩交朋友，和其他女孩根本合不來。女兒跟其他女孩玩的時候，經常因為雞毛蒜皮的小事而傷心難過，如果大家玩的遊戲不是女兒想玩的，她就會鬧彆扭。有一次女兒大吵大鬧，因為她想要當公主，可是其他女孩不讓她當。這位媽媽對我訴苦，說搞不清楚為什麼女兒會這樣。

這位媽媽非常想讓女兒交到同性朋友，所以一有空就叫女兒去跟其他女孩一起玩，可是女兒跟她們合不來，總是自己玩自己的。有一次媽媽邀請一對母女到家裡，但女兒一個人看著電視，不要說跟對方女兒玩，根本理都不理人家……這位媽媽感到很不好意思，簡直想找個老鼠洞鑽進去。我能充分理解媽媽的心情。

事實上，女兒跑去跟男孩玩也會碰壁，因為男孩們的媽媽一樣希望孩子多和同性朋友玩。女兒覺得跟同性朋友相處尷尬、無趣，總是躲到遠遠的地方自己玩耍，變成了邊緣人。媽媽說看到女兒這副模樣，時常對此感到痛苦且懷疑自己，為什麼幫不了女兒，她問我：「有沒有在女生之間獲得好人緣的技巧？」

正值結交朋友的年紀，女兒卻對交友興趣缺缺，這位媽媽希望不論性別，女兒能交到真心好友，但是媽媽做了各種努力卻都沒效。鬱悶卻無計可施的她該怎麼做才好？

A 媽媽真正要做的是，站在女兒的立場設身處地的思考。

要解決女兒的交友困境，媽媽必須設身處地站在女兒的立場，讓女兒學會表達自己想法。女兒細膩的感情沒有獲得媽媽的共感，而女兒跟同齡人發生爭執時，也沒能力表達清楚自己的意見。女兒本應要從母女關係中學到問題解決的能力，但卻沒能培養出這項能力的最大原因，是因為媽媽沒有先掌握好自己的情緒與需求。

媽媽要清楚劃分自身和女兒的情緒。

女孩和異性朋友們玩在一起，一定有覺得自在的部分，也有覺得不自在的部分。一般而言，女孩們愛玩的遊戲，還有女孩們的社交水準都比男孩們高。共感能力低落的孩子，希望朋友們能像媽媽一樣照顧自己，只追求讓自己舒服的人際關係，在朋友之間會被稱為小霸王。一開始女孩們會暫時理解、接納她的小霸王行徑，不過如果一而再、再而三地任性，就會被同儕邊緣化。受到同儕冷落疏離的女孩，只好跑去跟情感反應遲鈍的男孩玩在一起。

這位媽媽的女兒外表雖活潑，不過內在心思相對細膩，似乎是不想太在意其他女孩的情緒，所以寧願跟情感遲鈍，相處起來比較舒服的男孩們玩耍。說不定這位媽媽的女兒是高敏感族群。

而這位媽媽看起來有著高情緒共感能力與直觀能力。偶爾越線是這類型媽媽常見的傾向，意即媽媽誤把自己的情感與孩子的情感視為一體。這位媽媽要清楚劃分自身和女兒的情緒。

女性建立關係和溝通過程複雜又微妙，有很多需要費心之處。

在這裡暫停一下！當然其中存在個體差異，不過結交女性朋友和結交男性朋友的技巧，的確不太一樣。其實我自己的性格也比較男孩子氣，也經歷過交友困境。

男性和女性不同，心裡會有個排行階級，決定好排行階級之後才能建立舒服的關係。在男性群體中，帶頭的男性享有領導權力，排名比較後面的男性就會跟隨帶頭的男性，通常不會有什麼異議，很少會出現權力爭奪現象（除非有人不認同自己在群體中的角色，或是覺得自己的排名理應更前面）。也許正因如此，男性們比起聊內心話，更愛聊自己的成就。雖然男性們變熟之後也會聊聊心事，但是比起對朋友吐露的心事予以共鳴，男性們更傾向打嘴砲、講幹話。

女性們不太一樣。女性們在變熟之後不會特意炫耀自身成就，因為容易引起其他女性的猜忌與嫉妒。女性們傾向維持友好的關係，所以會一面分享自己碰到的困境、疲憊的原因、自己的擔憂等，一面拉近彼此的關係，像是「今天的妝好浮，真傷心」、「哪有，很漂亮好不好！明明就沒差。」當事人想聽到的是「你今天的妝真服貼」，所以會說出「因為妝很浮，我很傷心」的話，那麼朋友就得安慰她的傷心，表示事情不是她所想的，讓當事人感到安心。當朋友否定她的想法，並且給予安慰，當事人和這位朋友的關係就會拉近。相反地，如果有個女性對男性說今天妝很浮，男性很容易會針對「妝浮」提供解決對策。

女性則不然。**女性之間形成共感帶之後，才會針對對方碰到的問題提出解決對策。女性們要先形成共感關係、說出對方想聽的話之後，才會變親近**。假如省略以上過程，直接給予對方解決對策，會引起對方的不滿。對方會覺得：「我的狀況明明就不好，非常疲憊和不安，你卻不先安慰我。」這時候反而會更拉開距離。還有一個心態是，女性不喜歡主動提自己心情不好，是因為就算不說，擅於揣測他人心情的女性們，也能予以理解，所以女性希望他人也能對我做一樣的事。

儘管女性們建立關係和溝通過程複雜又微妙，有很多需要費心的部分，不過女性們往往多靠直覺就能解決。在女孩群體中，相對有創意、心思細膩的女孩只要在人際關係中受過一次傷，就會害怕跟其他女孩重新建立、維持關係與解決糾紛，因此受困於同性交友困境。她們害怕人際關係會消耗她們太多的能量，所以容易建立流於表面的人際關係。這一點男性也一樣。

媽媽的自尊心和女兒的社交力有什麼關係？與其說擔心，不如說媽媽是把自身欲望投射到女兒的身上所致。

這位媽媽說因為女兒，覺得自己很沒用，自尊心跌到谷底，也就是說媽媽深深受到了女兒的人際關係（社交力）影響，為什麼會這樣？因為媽媽無法區分自身和孩子的情感和欲望。

媽媽看起來並不關心女兒想跟什麼朋友玩耍，還有女兒真正需要的是什麼，**因為媽媽把自身欲望投射在女兒的身上**，只考慮到孩子為什麼不跟同性玩。我想問媽媽自己的人際關係又是怎樣呢？

希望媽媽能回顧自己的人際關係，是不是正在希望女兒辦到自己辦不到的事呢？女兒的成就和社交力不是媽媽的成就感來源。媽媽需要先對自己進行同理，練習自我覺察。

一般而言，女孩們的社交水準比男孩們高。希望能被人照顧的孩子，往往只追求能讓自己舒服的人際關係，所以很容易被其他孩子邊緣化。被同性疏離的女孩，就會偏好加入情感反應遲鈍的男孩群體，和男孩們玩在一起。

媽媽必須理解女兒的特性，站在她的立場，予以共感。此外，女兒的社交關係不順，以致媽媽的自尊心低落，會出現這種現象，是因為媽媽把自己的慾望投射在女兒的身上，不是女兒的問題。

「我家叛逆期的兒子和我老公每天開戰。我該拿這兩父子怎麼辦？」

家人間起爭執不奇怪，是你的思考太狹隘

這是一個因為父子常起衝突，憂心忡忡的媽媽的故事。正值高三叛逆期的兒子和老公經常發生激烈的言語衝突，以致家中氣氛緊張。這位媽媽一方面擔心兒子到了高三卻對學習沒興趣，只在意打理外表，一方面也對老公不看在兒子高三的份上，忍過這一年，事事跟兒子對立，感到鬱悶。夾在父子之間的媽媽該如何是好？

Q

我是兼職翻譯的四十多歲家庭主婦，有一個高三的兒子，老公則在中小企業上班。

最近兩父子的關係變得緊張，令我很擔心。兒子上了高中後，進入嚴重的叛逆期，兩

父子的戰爭也展開了序幕。最近兩父子常常因為小事發生激烈言語衝突，一天至少大吵一次，吵到我就算想插嘴也會害怕的程度。每次他們父子吵架的時候，我都會緊張得喘不過氣，只能到外面安靜地等待。

做為一個旁觀者，我覺得非常遺憾，因為老公跟兒子都是不錯的人，只是性格不合罷了。比如說，老公事事要求整潔乾淨、重禮貌、責任感強、有義氣……總之，老公是一個近乎完美的人。相對而言，兒子對讀書不感興趣，只注重外表，早上光是整理頭髮就要花上三十分鐘。他也很愛買衣服，每次有新款服飾上市，就會死纏爛打要我買給他。雖然是個面臨大考的高三生，卻只喜歡玩手機遊戲。儘管如此，對我來說，他是一個愛撒嬌、心地溫暖、可愛到不行的兒子。

其實老公非常替兒子著想，說不定對兒子的愛比對我的深。雖然老公說的每一句話都是為兒子好，但兒子只覺得爸爸在嘮叨，一不高興就會吵起來。舉例來說，老公為了兒子健康著想，每次看到兒子喝碳酸飲料就要唸幾句；兒子明明是高三生，每天上學都拖拖拉拉，被老公唸；又或是兒子每晚玩手機遊戲，被老公口頭警告好幾次。

上週五兒子期末考結束，補習班放假，我們一家三口難得外出用餐。老公說要請客，到了烤肉店點韓牛後，對兒子說：「你知道韓牛有多貴嗎？懷著感恩的心吃吧，不要吃剩，細嚼慢嚥。」兒子反駁說：「我又不喜歡韓牛，是你喜歡吃才來的，不是嗎？」就這樣，父子又吵了起來。

老公：你就是太養尊處優！你知不知道韓牛不是人人都吃得起的？你看看你，有的孩子年紀輕輕就負起一家之主的責任，一面工作賺錢一面學習，還考上了首爾大學。

兒子：現在哪有那種人？就算要拿我跟別人作比較，也不用拿那種極端的例子比好嗎！

太太：爸爸只是隨便說說而已，幹嘛這麼認真？說聲「是，我知道了」就好了。

老公：（打斷太太的話）我才不是隨口說說。什麼叫極端的例子？你太不懂人情世故了！

兒子：（把湯匙啪一聲放到桌上）煩！

老公：算了！努力想對你好，都是白費工夫。以後你不要想從我身上得到任何東西，知道沒？

太太：你們不要吵了！我不想聽。我先走了，你們自己看著辦。

那晚，我一個人待在廚房，兒子問我他到底做錯什麼？兒子的意思很明顯，希望我站在他那一邊，但我裝不知道，說你們父子都有錯，叫他不要跟我說話。那次的對話結束後，我們一家人到現在幾乎沒說過話。老公每天一早出門，很晚才回家。

通常兩父子起衝突，我會當中間人調停，安撫兒子，跟他解釋爸爸的立場；安撫老公，站在兒子的立場替兒子辯護。如今我好像也到極限了。別人家的孩子升上高三，丈夫會收斂脾氣，就算再氣孩子，也會放在心裡，想著「上大學後等著瞧」。我老公卻不是這樣，我討厭老公連這重要的一年都忍不了，也討厭兒子死要頂嘴。

我希望老公不要對兒子說「對你好都是白費工夫」、「跟你溝通不來」、「不要想從我身上得到任何東西」這一類的話，但不知道要怎麼說服老公。我很清楚老公有多疼兒子，也做了很多努力和忍讓，如果我叫他不要說那種話，我怕會傷到他的心，所以什麼話都說不出口。

兒子雖然知道自己對爸爸不禮貌是錯的，可是堅持追問我，除了沒禮貌之外，他還犯什麼錯？我很坦白地告訴他：「你的態度不好，講話胡說八道，爸爸和媽媽希望你說話態度能好一點，你卻總是扭曲我們的意思，所以我們很傷心。」

父子雙方的立場和想法，我都明白，事實上我更支持老公。兒子被唸是有點可憐，但老公對他的要求都是對的，我希望兒子願意改正錯誤。總之，一想到這兩個讓我又愛又恨的男人，我心情就很差。

A 媽媽既不站在老公，也不站在兒子那邊，妳只站在自己那邊。

這位媽媽說擔心老公傷心，所以說不出「不要對兒子說那種話」，但也沒能說出有所助益的話。我的建議是不要偷偷站在老公那邊，大大方方支持老公會更好。父子吵架時，媽媽請明確地站在爸爸那一邊，必須讓兒子清楚看到爸爸媽媽是同一陣線的。

但其實這位媽媽不站在任何一方，她的心目中存在著理想丈夫、理想兒子、理想家庭的模樣。她用「近乎完美」來形容老公，近乎完美就差不多是「完美」了，為什麼要說「近乎」？因為她追求完美，所以才會說「近乎」。再者，雖然她嘴上說兒子「愛撒嬌、心地溫暖、可愛到不行」，但仍然有心目中的理想兒子模樣。她心目中的父子理想關係是不起衝突、完美又自在的關係，而她心目中的理想家庭模樣，是無論何時都應該是溫馨充滿愛的地方。

這位媽媽覺得自己有責任讓一切合乎她的理想，舉凡和他人相處、家庭關係等，但是辦不到，因此感覺很疲憊。因為她不能想像丈夫和兒子，即兩個男人的關係，有可能是冷淡的關係。

這個家的權力結構最上層是媽媽，接著是爸爸，最下層是兒子，所以這位媽媽才會問我怎麼說服老公。她好像認為說服老公就能一舉兩得，一方面可以改變老公，一方面兒子也會聽從老公的話改正行為。

比起安撫吵架的雙方，請先共感他們的心情。

雖然媽媽說兩父子天生性格不合，但世上沒有所謂不合的性格，只有相反的性格而已。如果相反的性格能相輔相成，反而會發揮更好的效果。兩父子看起來性格不合，是媽媽個人的想法。這位媽媽似乎是二分法思維，所有的事情只有兩種極端的選項，對或錯、正常或不正常，合與不合。二分法思維的人無法忍耐吵架或是氣氛變冷，會想快速解決這種情況。老公也是想快速解決和兒子的爭執，才會說出「算了！努力想對你好，都是白費工夫」的極端言語。

我想建議這位媽媽：

第一、必須培養思維彈性。產生爭執未必是壞事；第二、就旁觀者看來，有可能覺得父子關係變差，但這是兒子成長為男人的過程。媽媽必須在旁看著兒子透過和成年男性的爭執，進而成長的模樣。青少年長大時，會想贏過成年男性（所謂的反抗），希望事情能按自己的意思和方式進行，從而發現屬於自己的解決問題方式。

在這過程中，做為成年男性的爸爸會處處對兒子設限，兒子則會想方設法超越爸爸訂下的限制。如果不經歷這種過程，兒子難以真正成長。為人妻與為人母的媽媽必須好好做個旁觀者，等待兒子成為真正的男人，對變弱的父親背影心生憐憫的瞬間到來。

老公和兒子吵架時，這位媽媽會著急地安撫雙方，想快點和解，但父子之間需要的是能共感兩人心情的角色。**請試著問他們：「心情如何？」然後用共感方式給予回應，「的確，可能會有這種感受。」，接著建議他們：「下次要不要試著用不同的做法？」**

叛逆期的兒子和父親三天兩頭發生衝突，父子關係變冷淡很正常。在孩子長大的過程中，絕對有可能和爸爸起衝突。雖說可能是因為不同或完全相反的性格所致，不過世上沒有完全不合的性格。當父子發生爭吵時，旁觀者（母親）需要扮演的是：共感雙方情感的角色，提出有助父子關係良好發展的問題。

這位媽媽也需要反思，自己是否將理想中的家人關係和家庭模樣強行套在老公和兒子上，強求他們符合自己的理想。

「女兒一聽到不順心的話就生氣，我該拿她怎麼辦？」

好的管教，是有條件的愛

這是一個因為女兒心煩意亂的媽媽的故事。這位媽媽很擔心女兒，女兒做事從來不替他人著想，只想著自己，比如說，不管她怎麼拜託或是碎唸，要女兒飯後幫忙收拾餐桌，女兒總是把她的話當耳邊風。如果她唸女兒，女兒就會生氣不說話，和她冷戰。

孩子傷心，會讓父母心情不好，覺得自己是差勁的父母，所以父母很容易不給孩子難過的自由。另一個可能是，父母不懂得共感的方法，無法坦然接受孩子難過的模樣。來找我諮商的人中，有一位母親有著類似的煩惱。

這位媽媽是位職業婦女，膝下育有一男一女。這位媽媽說她感到很疲憊，因為如果自己說了女兒不滿意的話，女兒就會鬧彆扭。平常她會盡量滿足女兒的需求，但是女兒好像變得愈來愈自私，她開始擔心女兒是不是過度自我中心。

我習慣上班前先打掃、洗衣，準備好晚上要做的料理，但是女兒跟我完全相反，她習慣隨手亂丟衣服，也不會收拾自己的房間，每次都是我動手收拾，我最近想訓練她自己整理房間，所以不再幫忙。我不在家的時候，她吃完飯也不會收拾飯桌，吃完的碗盤會直接留在桌上。我怕生氣或是唸她會傷害她的感情，所以嘗試在早上上班前，好聲好氣地交代她，也寫過紙條或發訊息拜託她收拾，可是她依然故我。所以有一次我下定決心，把她叫來，嚴厲地警告她不能再那樣，結果她鬧脾氣好幾天不說話。總之，跟她好說歹說，她都不會聽。

女兒放學回家會主動完成自己該做的事，不是調皮搗蛋的孩子。不過她朋友不多。有一次她在數學補習班被老師狠狠教訓後，她就不去補習了。她平常話不多，只在有需要的時候才會跟我開口。事實上，我自己也有問題。我每次和老公或其他人吵架都選擇沉默應對，等時間過去，心情平復，又若無其事地繼續生活。最近女兒鬧脾氣冷戰，我也變得討厭跟她說話。雖然不知道她為什麼這麼傲慢，不過我知道她正處於叛逆期，而且冷戰也撐不過幾天，所以總是包容她，先跟她搭話，但現在我也覺得煩了。我這樣做是好方法嗎？

A 要什麼有什麼的人學不會換位思考。父母必須教導孩子才行。

一般人聽到自己不滿意的話，會難過生氣不是天經地義的嗎？我好奇這位媽媽希望女兒做出什麼反應？還有媽媽盡量滿足女兒的需求的真正原因又是什麼？是因為愛小孩，還是因為下意識想迴避爭執呢？首先，要什麼有什麼的人，沒有傾聽或考慮他人立場的經驗，所以會愈來愈自私。如果這位媽媽希望女兒能夠成為為他人著想的人，那麼從女兒進入叛逆期開始，父母該拒絕她的時候，就要明確地拒絕。

父母管教之前，得先檢視親子關係是否良好。這對母女的關係表面看起來沒問題，實則從母女關係變成了主僕關係。也就是說，媽媽喪失了母親的權威性。

雖然媽媽好聲好氣地叮嚀過女兒，也寫紙條和發訊息拜託她，情況還是沒有改善，嘴巴說說不足以讓女兒改變。女兒得聽一些不順耳的話，父母也要在女兒面前表現出站在同一陣線，女兒才會意識到必須改變。因此，管教必須從孩子聽懂大人的話開始。

而關於冷戰，這位母親必須改變化解糾紛的方法。對於人與人之間的糾紛，媽媽習慣性採取迴避的態度，這位媽媽必須學會如何不發脾氣，又能坦誠表達內心的對話方式。唯有如此，母女之間才能從虛假的親密關係進化為真正的親密關係。

好的管教是父母有力量，給予有條件的愛。

這位媽媽最後問我這樣做是不是「好方法」，媽媽的「好」是指什麼呢？媽媽要表達得更清楚才行，究竟是想改善親子關係，還是更好管教孩子的方法？這位媽媽平常疏於表達想法，所以才會問出模擬兩可的問題。這種類型的人擅於快速掌握且滿足他人需求，卻拙於使用言語表達自身需求或情緒，也不懂得怎麼先提出條件，再滿足對方的需求。因此，這類型的父母往往不擅長管教子女。

這位媽媽說會盡力滿足孩子的需求，意味著她不擅於付出有條件的愛。媽媽需要學會新的管教法——**要求女兒先完成媽媽開出的條件，之後再傾聽女兒的需求。**

成功的管教有兩項要點，如前所言，一是父母和孩子擁有良好的親子關係，一是父母必須有「力量」。這裡不是指虐待或施暴，而是為了保護孩子能行使的「力量」。

良好的親子關係並不是說外在看起來和平，父慈子愛，而是擁有真正親密感的關係。父母和子女之間必須互相尊重，父母要傾聽孩子的意見，必須提供精神上的無條件的愛；反之，子女要懂得表達對父母的感激與尊敬。父母被自我中心主義的孩子帶著跑，盡可能滿足孩子的需求，算不上是良好的親子關係。

對父母來說，良好的親子關係的關鍵在於「力量」。雖然不一定派得上用場，不過父母需要有力氣、持久力和體力，才能確保在孩子做錯事時，不至於管教時力不從心。除了肉體上的力量，父母也要學會用氣勢、斬釘截鐵的態度，以及低沉的聲音去制止孩子。

我說的不是發脾氣，而是父母要給孩子「你說破嘴也無法動搖我」的堅定眼神，孩子才會願意接受父母的管教。

氣勢又有威嚴的父母，只有在書上才會出現。現實中的父母哪有這麼容易辦到？

但是，能辦到這件事的父母實不多見。那種父母通常被稱為威權父母。西方父母和過去世代的父母較具威嚴，但東方父母和時下的父母較缺乏權威性，以至於父母的管教跟書中所說的管教愈來愈遠。書中傳授的內容和實際情況有天壤之別。「力量」不足的父母該如何管教子女呢？

父母總是單戀著孩子，這一點無論孩子讀幼稚園、國小，或是進入叛逆期，都是一樣的。孩子的大腦在這些時候都在爆發性的成長，這時父母和孩子都非常不安。站在父母角度來看，孩子逐漸脫離了自己控制。在孩子還處於幼兒期的時候，父母的單戀時時刻刻都能得到孩子的回饋，所以父母樂此不疲地愛著、管教著孩子，但當孩子進入叛逆期時，父母的單戀不再得到回饋，所以父母開始厭倦單方面付出愛，也很討厭管教孩子，讓孩子傷心（因為傷心不是給予父母的正向回饋），是以索性放棄管教。

家有叛逆期孩子的父母，如果有心讓孩子擺脫自我中心主義，首先要讓孩子對父母進行共感，也就是說，父母要讓孩子知道父母也有需求和期待。再者，父母要尊重孩子的情感。另外，當孩子想要的和孩子真正需要的不一致時，父母要先幫助孩子滿足「需要」，再支持孩子獨立完成「想要」。

光嘴巴說說不足以讓孩子改變，所以對孩子的管教，得從孩子聽懂大人說話時就開始才行。管教子女並不簡單，尤其是正處於叛逆期的子女。父母想避免和孩子的爭吵，只要無條件滿足子女的需求就行了嗎？這樣做並不好，最有效的方法是：有條件的愛。

進入叛逆期的孩子，和幼年期或國小時期的孩子不同，對於父母的單戀，不再給予回報，很容易對父母的管教感到厭煩。這位媽媽一面尊重孩子的情感，一面也要讓孩子知道媽媽也有媽媽的需求和期待。為此，媽媽要發展自我同理心，好好表達自己的內在需要。

「兒子犯錯時死不認錯，又愛找一堆藉口，他的道德感是不是出了問題？」

請多多肯定孩子、讚美孩子吧！

這個媽媽擔心高一的兒子是否道德感很差。媽媽說兒子死不認錯，也不懂悔改，凡事都急著自我合理化。

Q

我是個四十多歲的職業婦女，有一個高一兒子。我擔心兒子學壞，管教相對嚴格。但兒子很愛狡辯，不知認錯這件事讓我很傷心。有一次兒子班導打來告訴我，我才知道兒子經常遲到。平日我趕著上班，根本沒注意到。我那天晚上跟兒子提到這件事，並提醒他：「老師說你很常遲到，以後早點出門。」結果他又在狡辯，自我合理化：「又不是一年三百六十五天都遲到，我明明很常準時到校。」

兒子和朋友聊天的時候，很愛聊自己最擅長的科目考試分數，說得好像自己是優等生。這也是自我合理化的一種吧？他的日常生活小錯不斷，如果我說他一句，他就會死咬著過去做得好的事，從來不承認錯誤，不知道反省改正。我兒子的道德感是不是出了問題？

A 首先這無關道德，媽媽請放心。

兒子分得出什麼是好的行為，什麼是錯的行為，所以這無關道德感，而是兒子自我防禦的行為。媽媽必須關注的是兒子進行自我防禦的根本原因。

每個人被指出錯誤都會進行自我防禦。自我防禦和自我保護是人類的重要需求。自我防禦有多種形態，沒有能力的孩子們大多會採取「自我辯解」。大人們常說的藉口「塞車」、「沒時間」就是自我辯解之一。孩子怪罪媽媽也是自我辯解的一種。

相對的，就像這個兒子一樣，有些孩子喜歡誇耀自己的長處，這時媽媽不能不當一回事帶過。這位媽媽必須了解高中生兒子正處於叛逆期。叛逆期是男孩成為男人的時期，是如同暴風般的成長期，而叛逆期的真正意義是什麼呢？

既然媽媽提到了道德問題，我們就來談一談「道德發展階段」吧。所謂道德，是能判斷某個事物或狀況是對是錯，快速採取行動的能力。高中時期是「道德成規前期」進入「道德成規期」與「道德成規後期」的轉捩點。「道德成規前期」是指依循權威者的規定做出相應動作的兒童期；上了高中，比起行動後果，我們會認為依循所屬組織的規則更重要。為了在人際關係上得到認可，會順應社會規範，道德有所發展，這是所謂的「道德成規期」。道德成規期過去後，我們會進一步發展到「道德成規後期」。

做得好的時候沒有讚美，做錯事的時候責備卻從不缺席，兒子當然會採取自我防禦姿態。

從媽媽的話中，聽得出來媽媽在兒子做得好的時候不會讚美他，只有做錯事的時候才會出言責備。如果媽媽先行理解了道德發展階段，就會知道處於叛逆期的孩子，比起讚美結果，更要肯定他在過程中的努力與艱辛。

舉例來說，老師打來說遲到的事時，媽媽不要說「老師說你很常遲到，以後早點出門」，要問兒子「那天不舒服嗎？還是有什麼事？你平常不會遲到，都很準時上課，為什麼那天遲到了？」真正的問題在於媽媽問都不問兒子那天遲到的理由，兒子說明理由後，媽媽也必須肯定兒子那天就算遲到還願意去上學的行為。

媽媽得肯定兒子做得好的事，表示知道他很累，鼓勵他能保持下去，如果需要幫忙，隨時跟媽媽開口。媽媽要相信兒子就算在過程中犯錯，但一定會有好結果。這就是信任。請對兒子好好傳達媽媽對他的信任。

媽媽說：「日常生活小錯不斷，我說他一句……」背面隱含著這種意義：「媽媽平常不關心兒子，母子之間鮮少對話，媽媽無法同理兒子的心情，又或是媽媽不會讚美兒子做得好的事，只有兒子做錯事的時候才會對話。」在這種母子關係中，兒子採取防禦姿態是再自然不過的事。

驅使男人改變的是「肯定」和「讚美」。

媽媽妳懂得對待男性的方法嗎？似乎不懂。兒子的行為不會一次性就變得符合媽媽的期望。要改變一個男人，不管任何事都得先稱讚他。即便結果不好，也要肯定他的努力，相信他內心是想把事情做好的。為了讓他找到能做得好的方法，要容許他犯錯，等待他從經驗中學習。這位兒子也得這樣才會改變。媽媽必須具體表達希望兒子改正的事項。

叛逆期的兒子疲憊、遇到困難的時候會找誰？給他飯吃的人？玩伴？會給他建議的人？責備他錯的人？會是其中的誰呢？

叛逆期的兒子會模仿誰的行為？要如何成為父母或是有力量的成人？

如果現在不解決這些問題，這位媽媽會帶給兒子什麼影響？兒子正處於從男孩成長為男人的時期，自尊心、歸屬感、自我認同與自我價值，都是在這個時期形成的。如果媽媽照現在這個方式對待兒子，會妨礙兒子的成長，更甚者，會造成厭女情結。兒子在日後的人際關係中，特別是與異性的關係，很可能無法和懂得尊重兒子的女性交往。

請記住讓兒子改變的五個魔法單字！「讚美、肯定、安慰、鼓勵、感謝」。請用「你說的沒錯」予以同理及肯定。人要覺得自己是個不錯的存在，才會好好照顧自己。

兒子的內心正在哭泣，希望媽媽能肯定自己。請媽媽擦去他的眼淚吧。

媽媽真正期望的是什麼？希望兒子認錯改正嗎？不要用嘴巴說，用實際行動做給他看吧。兒子已經習慣每次被責備的時候，採取言語防禦。這是和媽媽長久溝通的慣性，所以媽媽的言語已經失去效用，請媽媽先承認自己犯過的錯誤，改正行為，用自己的行為給兒子做榜樣，請向兒子道歉吧。

「你做得好的時候，媽媽沒能讚美、肯定你。我很抱歉。」

「你上學遲到的時候，我應該先擔心你是不是有什麼事，而不是只會怪你。媽媽

很抱歉。」

面對責罵，兒子覺得孤立無援，忙著自我防禦，所以沒有反省自己的餘裕。他內心正在嚎啕大哭，希望自己做得好的事能被肯定。如果父母沒給予兒子肯定，兒子會變得孤單，為了被肯定和生存，會轉向認可自己的同儕團體，模仿同儕團體的行動。

這位媽媽費心養大的孩子，孩子表現卻不如媽媽的期待，所以媽媽感到疲憊與困擾。天下父母心，望子成龍，望女成鳳，焦急的媽媽的眼裡只看得見兒子犯的錯。我充分理解那份心情，也想予以安慰。

家有叛逆期兒子的媽媽一定要理解，兒子正處於從男孩變成男人的道德發展關鍵階段，必須先了解這個階段的孩子的特性。媽媽希望兒子能端正有禮，所以把焦點放在兒子犯的錯上，以致兒子的自尊心受挫，築起防禦的心牆，如果事態嚴重，說不定兒子會產生厭女情結。比起關注兒子犯的錯，媽媽要多關注兒子的優點，給予讚美和同理心，犯錯時不要先指責，改問他透過這次經驗學到了什麼。

另外，媽媽要以身作則，要求兒子做到的事，自己要先做到，樹立良好榜樣。

「我女兒夢想是當偶像。我該怎麼說才能讓她放棄這個念頭？」

有一種誤入歧途，是你覺得孩子誤入歧途

這位媽媽說高二女兒對唸書沒興趣，總是說要當偶像，吵著要去上歌唱補習班。她不知道怎麼反對，也不想同意，正在糾結中。她希望女兒繼續學習，又擔心女兒反彈，不知如何是好。

Q

我是有個女兒的媽媽。女兒馬上要成為高三考生，身為媽媽當然會關心她的讀書狀況，但是我女兒覺得念書不是最重要的事，一副沒事人的樣子。她說自己的夢想是當藝人，準確來說，是想成為像防彈少年團那樣世界知名的偶像，所以只熱衷於減肥和打扮，似乎放棄了讀書。

不久前，她要我送她去上歌唱補習班，補習費貴到讓我嚇一跳。昂貴的補習費是一回事，但又不是付錢上課就保證她一定能當上藝人。就算真的當上藝人，這個職業的未來也很模糊。女兒正值敏感的年齡，雖然我強烈反對她當藝人，卻又怕我的反對讓她反彈，結果更讓她走上歧途。總之，我希望女兒能好好用功唸書，不要當藝人。我要怎麼跟女兒溝通呢？

A 妳已經把想當藝人的女兒，視為走上歧途了。

媽媽雖然問「我要怎麼跟女兒溝通」，但實際的意思是「我要怎麼跟女兒說，女兒才會放棄當藝人，用功唸書，進入對未來工作有保障的大學科系呢？」

真的有這種溝通方法嗎？

父母希望孩子能擁有安穩的未來，這種心情我能認同，可是有哪一種工作能保證光明未來呢？世界上唯一能保證不變的，不是只有「人終有一死、時間無法重來、未來是不可知的」嗎？

既然這位媽媽問怎麼跟女兒溝通，我想說，就原原本本地將這些擔憂告訴女兒吧。請老實告訴女兒，媽媽並不打算無條件反對女兒的夢想，但有對此的擔心和真正期望。

接著，請媽媽開出條件，比如說，成績必須維持在一定水準以上；日常生活作息正常；要維持健康的體重；不能隨便輕易放棄夢想，必須達到一定的成就；不能只做自己想做的事，要盡自己應盡的本分。當女兒答應這些條件，才同意女兒去上歌唱補習班。盡自己的本分非常重要。因為在追求夢想，做自己想做的事之前，我們必須先做自己得做的事。女兒必須認知到這一點。這也是在教導她如何替自己的選擇負責任。

> 媽媽必須要教女兒，
> 在做自己想做的事之前，會有不想做但必須做的事。

媽媽怕自己拒絕女兒，使女兒走上歧途，青少年期的孩子通常需要的是精神上的無條件支持，和金錢上的有條件支持。無條件的愛固然好，可是管教是有條件的愛。媽媽必須教會女兒替自己的選擇負責，讓她了解在自己想做的事上投注心血的同時，也會有不想做但必須做的事。

父母要讓孩子具備的是：誠實勤奮、就算事情不順利也能堅持下去的「彈性」、自我管理、自主學習、經濟獨立等。

有叛逆期子女的父母，必須在孩子規劃夢想和實現夢想的過程中，陪伴同行。

那麼，媽媽擔心女兒補習後也當不上藝人怎麼辦？孩子在實現夢想的過程中受挫是必經的歷程。孩子得練習從實現夢想的過程中，找出自己真正想做的事，以及在做自己想做的事時，體驗到實踐夢想的困難，從而找出面對挫折不放棄的方法。這是培養女兒彈性的竅門。

這位女兒認為「唸書不關我的事」，但藝人並不是就不用唸書。藝人也要準備大學修學能力試驗[9]，練習生在正式出道前得非常努力地學習和接受訓練；出道成為藝人之後也要不斷學習語言、運動和自我管理。媽媽要好好讓女兒知道這一點。

我明白父母的心情非常複雜，雖然想完成子女所有的願望，可是父母也有自己的欲望。最後，我想跟這位媽媽說的是，媽媽的夢想請自己去實現，女兒懷抱夢想與實現夢想的時候，媽媽只需要陪在她的身邊就夠了。這是家有叛逆期子女的父母最該做的事。

高中生女兒說想當藝人，父母會是怎樣的心情呢？如果高中生兒子說自己的夢想是職業電競玩家，父母又會怎麼想呢？假如父母不同意孩子的夢想，希望孩子能好好上大學、正常求職，肯定會感到擔憂吧。這時重要的是，父母要以開放的心態和孩子對話。

親子溝通時，父母輕易打斷對話，主觀武斷地下結論，將子女誘導到自己期望的方向，不是正確的溝通方法。父母坦白自己的期望的同時，也要好好傾聽子女的夢想。如果這樣做了，雙方還是找不到折衷點，那麼父母可以設下幫助子女實現夢想的條件。無條件的愛當然好，可是管教是有條件的愛。

9. 大多簡稱為「修能試驗」或「修能」，是韓國高中升大學的入學考試制度。

第五章

社交關係

當你覺得自己很委屈時，
更要好好說！

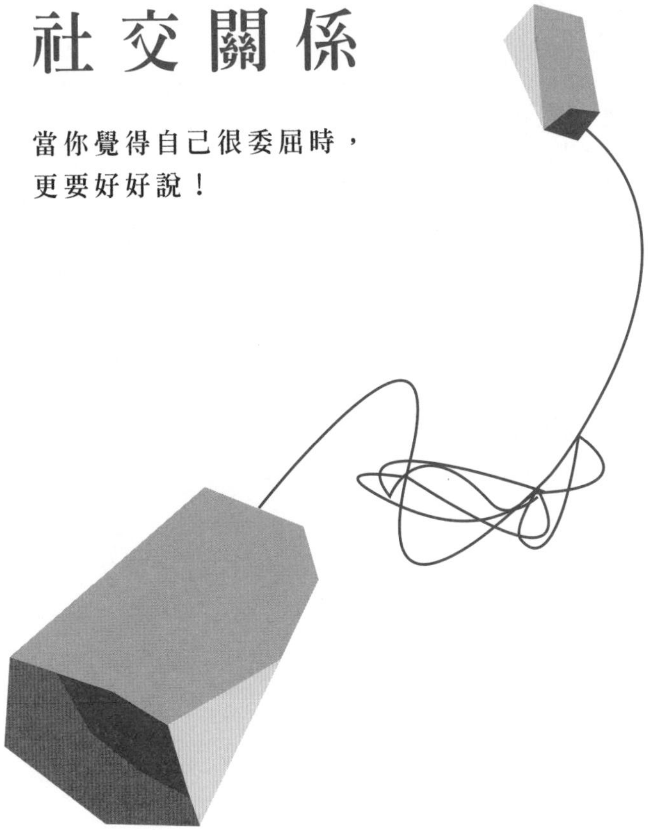

「婚後不想被看到糟糕的一面。有著雙重面貌的我，是不是有問題？」

哪有人是完美的？說出你的脆弱和缺點吧

這是一位新婚女性的煩惱。婚前愛人如己，擁有溫暖心腸又為他人著想的她，婚後變得自私。這位太太對於自己的雙重面貌感到痛苦。另一方面，她也覺得只有自己付出愛，為家庭犧牲奉獻，對老公又生氣又傷心。

Q

我是新婚六個月的三十多歲女性。小時候，我爸一喝酒就會對媽媽和我們大聲咆哮或拳打腳踢。我的青少年期就是在這種環境下度過。當時的我對讀書不感興趣，沒事就在外面閒晃不回家，幸好在我二十多歲的時候信了教，宗教修復了我的心靈創傷。那時候，周遭的人常常說我「心地溫暖、善良、有領導能力」的人，這些溫暖的讚美樹立了我的自信，連帶工作能力也備受肯定，更在職場上認識了老公。

老公喜歡我樂於助人，對別人溫暖，愛人如己，還有工作也做得很好。老公年紀比我小卻很可靠，這是我爸沒有的特質，所以我選擇跟他結婚。目前為止，我們很少吵架，過著快樂甜蜜的婚姻生活。

我在人前的樣子跟私底下的真實樣子不太一樣，尤其是涉及金錢問題的時候，老公有時候也會開玩笑地批評我偶爾露出的另一面。我原本就是節儉的人，認為錢要花在有價值的地方。雖然樂於幫助需要幫助的人，是老公特別喜歡我的一點。可是婚後我主要把錢花在我們夫妻和家庭身上。老公過去喜歡的「好人」、「願意幫助別人」的我消失無蹤，不知不覺間我變成一個對他人吝嗇的人，加上我現在工作與研究所學業兩頭燒，讓我的工作狂傾向與完美主義都變得更嚴重。

於我，和諧的家庭得來不易，我時不時擔心這份和諧會被打破，於是盡全力地對丈夫和公婆好，不過內心隱隱累積著不滿，感覺好像只有我在付出。我對有這種想法的自己很失望，變得更加敏感，尤其是老公給我的愛不及我給他的愛的時候，我真的特別傷心、生氣。我害怕自己真實的一面被發現，也很擔心用這種雙重面貌活著，不知道以後生養小孩會不會出差錯。我有問題，對吧？要怎麼解決我的問題呢？

A 把不是問題的事當成問題，這才是問題。

天底下哪裡有沒問題的人，這位太太問我：自己是不是有問題？當然有問題。把不是問題的事當成問題，就是這位太太最大的問題。請這位太太接受自己也是個「人」的事實。人不是美好的存在，也不是理想的存在。人是偶爾才會做好事，偶爾才會捨己為人的生物。

人人都是如此，只有少數人會像神職人員一樣，完完全全將人生奉獻給他人，我們之所以會尊敬那些人，正是因為他們拋棄了滿足自我期待，一心為了滿足他人的期待而活。但是我認為，為了滿足他人期待而活，貌似是最無私的事，說穿了也是為了自己做出的自私選擇。

恭喜你迎來愛上自己最真實的一面，與活出真實人生的機會。

就像一部韓國電影《這時對，那時錯》的片名一樣，這位太太的人生也是「那時候有那時候的理由，妳那時是對的；這時候有這時候的理由，妳這時也是對的」。這位太太現在覺得自己是雙面人而感到羞恥，擔心老公會不會不愛自己的這一面，這是因為原生家庭不健全而產生的自卑心理。

請深入了解並接受自己吧，也思考日後要怎麼愛自己的另一面。我建議這位太太鼓起勇氣告訴老公自己的真實一面，並說：「我其實是這種人，希望你也能愛這樣的我。」

妳得相信表露出真實自我也沒關係。因為還做不到這一點，才沉迷於工作。

這位太太比起自己的需求，一直以來努力迎合自己的標準而活。我想這種生活一定很累，但最累的莫過於孤獨吧，因為她和他人之間缺乏真正的親密感，用虛假的面貌活著只會累積假的親密感。

要怎麼創造真正的親密感？這位太太必須相信表露出真實自我也沒關係，用假的親密感生活，只會愈來愈委屈、憤怒與空虛，因此很多人用工作填補空虛，工作上癮是韓國社會最常見的現象。這位太太似乎也一樣，對工作上癮了。

這位太太以後想過怎樣的生活呢？在「我期許的自我」、「想給別人看的自我（理想自我）」、「現實的我（實際的我）」、「想隱藏的我」之中，這位太太想用哪種面貌生活呢？很多隱藏或無法認知「實際的我」的人，需要鼓起很大的勇氣才敢表露出這一面。假使他們認定「實際的我」是「不好的我」，就會感到羞恥，選擇隱藏起來，為了在人前扮演好人形象，日後也會持續忽視真實的自我，憤怒和委屈也會繼續累積。

不要讓老公變成只懂接受愛的壞人，請說出自己想要的吧。

此外，把錢花在家庭上並不吝嗇。如果有人宣稱不是為自己和家人而活，而是無私大愛地為他人而活，那不過是虛張聲勢。就算是神職人員，也是得考慮到溫飽問題的。這位太太從小生活在有暴力傾向的家庭環境中，該有多辛苦，我想她一定很渴望父母的愛和肯定，羨慕有些人能活在充滿愛和肯定的家庭中，希望變得像他們一樣。雖然那不是壞事，但如果這位太太一直以虛假的面貌生活，不僅會感到疲憊，人也會變得虛偽。

人就算只做自己想做的事，只為自己和家人而活也沒關係。聖經強調的「愛人如己」的核心在於：「先愛我自己，再用愛自己的方式去愛人」。

關於這位太太對於日後生兒育女的困擾，我想說的是，如果這位太太不先承認自己的欲望，優先滿足自己的欲望，往後生養孩子時，很可能為了隱藏自己覺得羞恥的一面，也會把孩子的需求放在自己之前，繼續勉強自己用「我所期待的我」的面貌生活。

老婆想得到老公的愛是理所當然。想被愛就大方說出我想被愛就行了。因為想被愛，所以才做這些事。這位太太不懂得表達自己的需求，自己一味付出愛，卻暗自渴望老公回以同樣的愛，但老公並不知道這件事。別讓老公不知不覺中變成了只懂接受愛的壞人，請直接開口要吧。如果老公不願意付出愛，就去跟其他人要。

大多數人會做出病態行動或是偏差行為，都是因為怕失去愛。聖經也提到「完整的愛能驅除恐懼」，這是非常正常的心理。有人愛著原本的我，而且那個人告訴我原本的我也很好。**確信有人愛我，能消除我內心的恐懼。這是真正親密關係的開端。**

希望這位太太能和老公說出真心話：「雖然我在外面的形象是那樣，但其實我私底下有著另外一種模樣。因為我愛你，想和你好好生活，我非常感激現在和你一起度過的生活，所以更害怕你看見那樣的我會變得不愛我。」

戴上自我期待的形象面具，以刻意營造的人前形象生活，只會累績假的親密感，感到發自內心的孤獨空虛。為了填補那份空虛感，我們選擇沉迷於某事物，例如沉迷工作。

人就算只做自己想做的事，只為自己和家人而活也沒關係。想被愛的心理也很理所當然。自己一味付出愛，暗自渴望對方回報同樣的愛卻又不開口，對方當然不會知道。如此一來，不滿逐漸累積，關係終將崩壞。

不要讓你愛的人變成只懂得接受你的愛的壞人，開口對你愛的人要求你想要的愛吧。

「只因為我的工作能力出色，就被職場前輩毀謗造謠，我太委屈了。」

不是按原則做事，就不必考慮他人的感受

這是一位男性上班族的故事。這位上班族表示，就因為自己以超快速度升為公司中最年輕的高層主管，讓很多人看不慣，有著三十年資歷的前輩在背後說了很多閒話，四處散播小道消息，令他既委屈又疲憊。

Q

我最近在職場上受了很多委屈。

四十歲出頭的我，在今年初被拔擢為公司高層主管，和公司裡有三十年資歷的前輩平起平坐。因為我是公司有史以來最年輕的高層主管，瞬間成了員工之間的熱議話題。那位有三十年資歷的前輩在我背後說閒話，四處散播小道消息誣陷我，還跟對我

感到不滿的下屬們結黨攻擊我，我覺得非常荒謬。

我是個表裡如一，按原則行事的人。我很討厭跟那些對我有敵意的下屬們起衝突，不管對方對我的態度再差，只要他工作遵守原則，我就會公事公辦，給他好的評分。那位前輩則和我不同，只會對自己滿意的人和顏悅色，沒來由地為難自己不喜歡的人，所以下屬們很習慣對他阿諛獻媚。當然不是所有的人都是這樣，公司裡還是有下屬了解我，願意相信跟隨我。

老闆也知道那位前輩為難我的事，但他好像不是很在意這種事。他會分頭找我們，刻意挑撥離間，讓我們的關係更加惡化。老闆對我說的話和對那位前輩說的話也不一樣，辦公室裡流言蜚語滿天飛……在我看來，真的是一場混戰。

最近我不停懷疑，在這種公司只有我一個人像松樹一般正直有什麼用？我夾在老闆和下屬之間，實在太辛苦了。下屬們不能完全理解這一點，老闆也不明確劃分職權，加上和我地位相當的前輩一逮到機會就拚命誣陷我……

我一直以來堅守原則，善待下屬，盡力完成老闆交代給我的工作，可是卻遭受這樣的對待。我實在太委屈了，委屈到很想開記者會說明這一切都是子虛烏有的謠言。

你為什麼感到委屈？

委屈分成兩種，一種是「我認為不夠格的人，卻能獲得我想要的東西」，羨慕加上鬱悶，深感不公平時湧起來的情緒就是委屈；另一種是「我明明沒做過，別人卻說我做了」的冤枉感。無論是哪種，在委屈感背後都隱含著想被肯定的心。

這位男性說自己事事按原則，請反問自己：我按原則行事是為了守護我的信念（那麼這位男性就是處於道德發展階段的最高階段），還是為了獲得員工們的尊敬和老闆的信任？如果這位男性的答案中不包含後者，那他就不是個「人」了。每個人從工作中除了感受自己是個有能力的人之外，一定也想獲得他人對自己工作能力的肯定。

在公司中獲得肯定會帶來什麼？薪水和升遷。受到不當懲戒，或是工作成果得不到肯定，又或是遭遇職場人際關係困境，是有能力、堅守自我原則的人必經的宿命。那些會嫉妒同事、討厭同事的人想獲得什麼？他們也想獲得肯定。那位三十年資歷的前輩很有可能在公司也沒獲得應有的肯定。

這位男性面臨的困境是要不要接納這位嫉妒他、貶損他的前輩？

要解開這個困境，首先我們得先了解正直生活的人的優缺點。這類的人的優點是誠實、穩重、做事風格具一貫性，是個可以信賴之人；這類人的缺點是人際關係的包容性不足。這位男性需要用巧妙的言語去緩和人際關係、提高前輩的地位、給予前輩肯定，但不一定是阿諛奉承。

前輩為什麼討厭這位男性？因為危機意識使然。

尤其像這位男性一樣堅持原則的人，很有可能會踩在這位前輩之上，率先獲得升遷機會，前輩感覺被威脅才會做出這種行為。

儘管這位男性大喊委屈，其實這不能說是委屈。因為是本人選擇按原則行事的必然結果，該哭訴委屈的反而是那位有三十年資歷的前輩。工作了三十年卻要跟年紀小自己這麼多的人平起平坐，那位前輩該有多委屈？這位男性得好好同理前輩的心情。

要找到自己的樹洞。

其次，我們要了解中階主管做為「職場三明治」的難處。他們該去哪裡訴苦？下屬不會理解中階主管的處境，老闆也不清楚劃分各主管職權的重要。許多上班族在當一般員工的時候，希望主管能下達明確的指令；等到當上主管之後，又希望下屬能理解自己。

這位男性的優點正是明確指示下屬任務，也懂得體諒上司。我們都希望我們的社會能多一點像這位男性一樣，堅守信念、正直生活的人，但事情往往不如人願。一旦這類人厭倦了不平不公，會發生什麼事呢？他們會變成對這個世界充滿不滿和憤慨的人，會變成一有空就對下屬嘮叨抱怨的老番顛（？）。為了不讓情況繼續惡化，這位男性需要做到下述幾件事：

第一，請準備屬於自己的樹洞，不要擔心自己說的話會變成失真的謠言，要找一個能抒發情緒的窗口，就像童話《國王的驢耳朵》一樣，向會對別人的秘密守口如瓶的人傾吐心聲，我們每個人都需要像是樹洞一般的情緒窗口。

第二，為了發揮柔軟性和包容性，請多虛心聽取身邊人的意見；第三，請練習能傾聽他人說話與明確表達自己原則的能力；第四，平常多練習向身邊的人表達自己認為重要的事；第五，請向下屬說明自己的原則。

這位男性提到很想開記者會說明一切子虛烏有的謠言。然而，舉凡工作報告書、會議記錄等，各種清楚記錄工作內容的書面文件，就像一場已公開所有事實的記者會。即便有這些陳述事實的文件，謠言很可能依然不會止息，所以看待謠言的心態很重要。

雖然按原則行事很好，但也要考慮到對方受傷的心。

像是蒼松般正直不阿的人，也有不足之處，像是對待他人的柔軟性、幽默感、溫柔、表達對他人的肯定與感謝等，這些都是這位男性較為缺乏的能力。

另外還有一個重要提醒。這位男性表示就算有下屬對自己帶有敵意，他也不會夾雜私人感情，如果對方工作遵守原則，就會給予好的分數，反過來想，豈不是「就算對我釋放善意，只要不遵守原則一樣打低分」？打低分不是問題，但問題是這位男性有足夠的柔軟性和表達能力，向那些對自己釋放善意的員工，私下安慰他們受傷的內心嗎？

每個職場人都應該知道這件事——按原則做事也會受委曲。**比起按原則行事，更重要的是化解對方的委屈，安慰對方，如果還能肯定對方就更好了**。這樣做，不僅對這位男性好，也能緩和與前輩的關係。

職場是什麼樣的地方？是一個努力升職、爭取上位，卻是高處不勝寒的地方。職場上，工作歸工作，感情歸感情，如果能在職場直接化解負面情緒當然好，事實是辦不到的，所以必須創造能吐露辛苦的情緒窗口。我會建議這位上班族，先組織自己的援軍和窗口吧。

正直如松，按原則做事，絕不含糊的人，在職場的人際關係中有可能碰到困難。這不能說是委屈，因為是本人選擇按原則行事的必然結果。這位男性的出色工作能力，造成前輩同事的危機感與委屈，也傷了下屬們的心。這位男性反而需要學會理解他們的心，怎麼去安慰那些同事和下屬。

「因為受不了職場前輩而萌生離職的念頭，好痛苦。」

離職，就能解決所有問題嗎？

這是一位婚後搬到陌生地方，進入新公司上班的女性的故事。三年來，她忍耐著職場前輩的難聽話，如今已經討厭那位前輩到不想跟她說話，甚至討厭上班的程度。

職場生活難免會遇到讓自己心累的人，也許是因為過於在意對方，但更多時候是因為對方一句無心之言或無意的行動而受傷。這類問題不是換公司就能解決的，事先準備好處理負面情緒的方法會比較好。如果身旁有很多能說心事的朋友，那倒還好，如果沒有那麼多說心事的朋友，那麼日積月累的心理創傷，嚴重的話很有可能演變成憂鬱症。

這位婚後搬到陌生的地方，進入新職場的女性，對我哭訴新職場的前輩給了她很大的壓力。

我因為大我七歲的職場前輩非常心累。剛進公司的時候，那位前輩主動親近我，教了我很多事情。老實說，在適應新環境方面，那位前輩幫了很大的忙，但是等到我們稍微變熟之後，她就開始說一些讓人會心情不好的話，然後用開玩笑當藉口帶過。而且常常因為不重要的小事數落我。例如有一次前輩跟我借東西，我借她之後，卻一天到晚說我借她東西之後，發生了許多奇怪的事情。

那位前輩好像也沒有什麼意思，純粹隨口說說而已，是我太敏感了嗎？只有我因為那位前輩的話覺得疲憊嗎？我們一起工作了三年，每次大家一起聊天，好像只有我會因為她的話受傷。我漸漸不想跟她說話，也討厭加入她的話題。我忍不住想，我只要離職就能解脫了吧？但又不免感到痛苦。我要怎樣做才不會這麼敏感，不被傷害呢？

A 最重要的是要有能傾聽你的話，和你並肩作戰的戰友才行。

「如果要去找人吵架，聯絡我，我陪你去吵，我很會吵架。」這是我經常對來找我的案主們說的話，這位女性看來也需要這句話。就算沒有言語霸凌的職場前輩，這位女性在無依無靠的職場，也沒有能說心事的人，這樣子度過了孤獨的三年，我想她一定很難受。

在職場內要結交親密關係不容易。這位女性如果和丈夫有良好的溝通會有所幫助，可是靠老公一個人要填滿情緒容器有難度。這也是為什麼人類需要愛情也需要友情等各種情感的原因。如果這位女性因為結婚之故，和原本自己的情感依靠——朋友們變得疏遠，那麼我建議她先恢復過去的友誼。如果她和朋友很難見面，至少要經常打電話聯絡。就算她有在接受諮商，如果想聊心事卻沒有能聽她說話的人也是枉然，這位女性需要練習建立新的親密關係。

需要特別注意的是，個性內向的人，容易把分享心事和「背後道人是非」連結，進而排斥和別人說出內心話，這時，只要把講心裡話的目的想成是「抒發我的心情」就行了。

能抒發我的心情的心裡話，主詞是以「我」為主。

通常人與人之間聊心裡話會依循這種模式：先描述談論對象的行動，「那個人從以前就是這樣子，現在還是這樣子，以後一定也死性不改，所以我才說那個人根本就是瘋子」，然後做出結論。把大家找來大聊某人，吐槽那個人的時候，會有短暫的樂趣和快感，奇怪的是，回家後心情會變得更差，而且更生氣。為什麼會這樣？

因為這種心裡話的主角是「那個人」，一一列舉那個人的所作所為，以那個人為主角進行對話，「我」卻消失在對話中。試想，如果我正在聊某個話題，卻有個人打斷我的話，說「我也有過那種經驗」，把話題轉到他的身上，我的心情是不是會變差？

也是因為相同的原因。

我們說心裡話的原因和目的，是為了緩解自己的心情，重新感覺自己擁有人生主導權。我們為什麼要告訴其他人自己故事？是希望對方能共感關於我故事中的一切；關於故事裡的那個我；關於故事裡我的心情與需求（了解這些事情的職業就是諮商師）。

那麼要怎麼說心裡話才能化解自己的心情呢？

首先，提起「那個人」只需短短一句話就夠了，「那個人今天這樣子」，然後轉換到「自己的視角」：「那個人這樣做時，我受到這樣的影響」。「那時我有怎樣的心情，所以我怎樣了。我希望的是這樣，可是不如我所願。」**關鍵在於，主詞都要是自己。**

請不要再說以對方為主的心裡話，比如說，那個人對我很過分、那個人是個多糟的人。還有，心裡話的內容應該是那個人的言語和行為對我造成的影響、那時候我的心情、我的希望。我幫人諮商的時候會說的話，也屬於這一類的「心裡話」。對於那些來找我諮商的人，我關心他們，給予共感的不是他們遭遇過的事情，而是他們碰到那種事情時是什麼心情。有些案主會一邊流淚，一邊說從沒人問過他「那種時候，你覺得怎樣？」

最近為了防止職場霸凌，制定了職場霸凌預防相關法條。如果有人使用讓職場環境惡化的言語或行為持續六個月以上時，法律會採取措施保護受害者，改善工作環境。所以個人不必把太多心力投注在處理職場上遇到的困境。這位女性在積極解決心靈創傷的同時，多用適當的方式表達自我意見，也許還能影響組織文化也不一定。

婚後搬到陌生地方，在公司沒有認識的人，又被前輩為難，或是發生傷心的事，這時候該如何是好？如果配偶能成為心靈支柱是再好不過的，假如不行，在職場上有能聊心裡話的同事也不錯，特別是性格內向，不擅於向職場同事或前輩表達自己想法的人。

心情不好的時候，需要有處理情緒的方法。如果公司內有提供諮商服務，善加利用也是一個好方法。

「我覺得發訊息比打電話方便，不太愛跟人見面……我是不是有問題？」

你渴望怎樣的親密關係呢？

這是一位不愛講電話、不愛跟人見面的女性的故事。除了家人之外，這位女性不管跟多親近的人講電話或見面都覺得很不自在，所以只用簡訊或訊息跟人聯絡，更甚者，對婆婆也只用訊息聯絡。她覺得現在這樣很舒服，可是不知道自己這樣生活到底好不好，感到不安。

Q.

我是個四十多歲家庭主婦，有兩個孩子。我和丈夫、孩子的相處沒問題，也很少跟身邊的人起爭執，生活過得很好。問題是除了家人，我不喜歡跟人講電話，即使對方是熟人也一樣，就連跟別人的見面次數也逐漸減少，最近只有重要的事情，我才會用訊息跟人聯絡。即使婆婆問我：「你為什麼不打電話？」，我還是堅持用訊息聯絡她。

以前並不是如此，好像是長大之後我才變成這樣。我很害怕交新朋友，那令我覺得很不自在。我很願意跟合得來的人見面，可是我覺得跟自己不喜歡的人見面，是一種不必要的浪費，很麻煩也很浪費時間……我從二十多歲開始就不太跟朋友見面，只和家人們往來。偶爾也會有人問我：「妳是不是對我有什麼意見？」但我只是怕麻煩而已。

我聽人家說，有一類人覺得人際關係很棘手，所以愛用訊息或簡訊聯絡。這類人會覺得講電話很有壓力，面對面壓力更大。這說的完全就是我……可是照他們的說法，講電話或面對面能得到的情感交流，跟用訊息獲得的交流，深度全然不同。人際關係不是選擇，而是必須，所以我莫名擔心起自己是不是有什麼問題。

像現在這樣生活雖然舒服，但偶爾我會感覺空虛孤獨。是不是其他人都很常進行社交聯絡，只有我是這樣活著？

A 比起溝通時間和頻率的長短，溝通的品質更重要。

每個人覺得舒服的溝通方式都不一樣，這是很正常的事。每個人的個性不一樣，有些人覺得講電話方便，有些人覺得發簡訊方便，有些人覺得面對面方便。問題不是什麼是正常，什麼是不正常，而是哪一種溝通方式讓自己覺得舒服，讓自己透過親密的人際關係享有穩定的情緒。比起溝通時間和頻率的長短，溝通的品質更重要。

各位又是如何呢？有沒有能說內心話，分享情感的對象？不管用哪種方式都好，能否向某個人分享自己的希望、擔心和關心的事情呢？這才是最重要的。**關鍵不在於溝通的方式（電話、簡訊或訊息），在於深度和內容。此外，深度溝通的頻率也很重要。**

請想一想我們和某人變得親近時會分享的話題吧。要拉近人與人的距離，就必須分享原始情感。透過訊息、簡訊或電話很難分享原始情感，必須面對面分享日常生活才行。常見面吃飯才能閒話家常，聊聊輕鬆的天氣話題、自己關心和喜歡的事，不知不覺間，也會聊起自己的憂慮、害怕，還有未來的夢想等深度對話。要進入這種親密的狀態需要不斷努力，可是感性又內向的人非常害怕在這種過程中受傷。內向的人不會隨便建立新關係，比較喜歡獨處，但內向的人通常比外向的人擅長結交親密關係。

只用簡訊和訊息溝通的人並不奇怪，不過是下意識的自我防衛行為罷了。

請選擇吧。像現在一樣孤獨卻輕鬆地活著，還是想結交親密但麻煩的關係呢？

這位女性真正的問題是選擇。

維持現在的生活方式也沒關係。可是如果這位女性希望結交更親密的關係，最重要的是，擁有隨時能指引自己回航的燈塔般的存在。我的意思是，請先找到能成為你的安全網的人。在人際關係中感到心累的時候，必須要有能傾吐的人，才能重新獲得力量，再去認識新的人。如果沒有的話，找心理諮商師也可以。不過別人適合的諮商師也不一定適合自己，所以請多找幾位進行諮詢，從中找出合適的心理諮商師吧。

我推薦這位女性參加氣氛平和的團體聚會。雖然參加興趣同好會也不錯，不過我第一個想推薦的是讀書會和志工聚會。因為內向的人比起樂趣，更追求意義。內向的人透過深度對話和參加有意義的活動能找到樂趣，所以這位女性可以參加尋求人生意義的聚會，藉此展開群體生活，相信會有所幫助。

內向的人會覺得跟人對話很不自在，喜歡用訊息傳遞自己想說的話，也不愛跟人見面。這不是問題，只是性格使然而已。雖然內向的人很難建立新的人際關係，卻非常擅長經營親密的關係。

全看個人的選擇。這位女性可以繼續維持現在的生活也沒關係，但是如果想建立更親密的人際關係，就得付出努力才行。

「我為什麼還活著？真希望明天不要來。」

比起處理事件，請優先處理自己痛苦的情緒

這是一位被職場性騷擾的女性的故事。這位女性說自己撐過產後憂鬱症，重返職場，原以為會過得更好，卻被職場性騷擾。就算辭職了，到現在還是有社交恐慌症，每天意興闌珊，終日沉迷於遊戲。

Q

我在二十九歲時生下了孩子，只好向前公司辭職。我不怎麼愛我的孩子，也討厭跟人見面。不管工作也好、家務事也好，每件事都讓我覺得煩。我有兩年多的時間足不出戶，後來聽說那就叫產後憂鬱症。

在孩子四歲左右，朋友介紹我一份廣告公司的工作。在生孩子以前，我是網頁設

計師，靠著過去的工作資歷找到了條件不錯的新公司。我以為重返職場，能讓我的狀況好轉，我的人生也會產生新希望。結果我卻被新公司的上司性騷擾。我鼓起勇氣，跟一些親近的同事一起向老闆揭發性騷擾的事，公司其他的人卻裝傻，說不清楚，結果我離職了，而性騷擾我的那位上司到現在還在公司上班。

那件事已經過了四個月，我到現在還是睡不好。最近呼吸總是喘不過氣，急促呼吸，我好像得了社交恐慌症，只要一見到人就窒息。總覺得路人們都在盯著我看，白天不敢出門上街，躲在家裡瘋狂地玩電腦遊戲。因為遊戲世界裡的人不認識我，我在遊戲世界裡非常舒服。

我好討厭做家事，雖然知道得打掃卻意興闌珊；我也知道自己必須跟人往來，可是也好煩，想到踏出家門就覺得可怕；吃不下飯，全靠酒精撐過每一天。我想就這樣慢慢死去，孩子和丈夫都好煩，我只想整天打遊戲。

我為什麼要活著？我的身體只剩下呼吸的功能，它實在好笨重，我什麼都不想做，好累、好厭世、好憂鬱。我現在該怎麼辦？真希望明天不要來。

A 這位女性看起來得了壓力創傷症候群。需要盡早接受心理治療。

在這個故事裡有兩個重點：在我身上或我身旁的人的身上發生重大衝擊事件時，我該怎麼應對？我要怎麼處理我的痛苦情緒？

在遭遇重大事件後，當事人和身旁的人的反應很重要，通常人們會急著處理事件本身，下述是常見的錯誤反應：

- 想懲罰對方，讓對方付出代價
- 往好處想，不要計較那麼多
- 從狀況中抽離
- 自責「因為是我才這樣」

對於經歷重大衝擊的這位女性來說，**最重要的是，處理性騷擾事件帶來的影響，**

焦點要放在怎麼處理自己的痛苦情緒。創傷事件後，可能會出現一些與當事人自我意志無關，或是當事人刻意的過度反應，如下述：

一，遭遇重大創傷事件如性騷擾的受害者，在事件發生一個月內，可能會有急性壓力障礙。如果事發後三個月，痛苦依然存在，就會轉變為創傷後壓力症候群（PTSD）。這時受害者承受著極大痛苦，會試圖逃避情緒，就像這位女性一樣，用遊戲和酒逃避。

二，受害者會埋怨、憤怒和責任轉嫁，像是這位女性想著「因為性騷擾事件，我完蛋了」。

三，受害者會不斷分析「為什麼會發生這種事？」、「為什麼這種事會發生在我身上？」

四，受害者會頻繁出現侵入性思維（Intrusive thought，又稱為閃回）。就算受害者不想回想，腦海中卻會不斷浮現畫面，如同這位女性不停地浮現當時被性騷擾的畫面般。

五，受害者會採取逃避態度，企圖抹去性騷擾事件和加害者的相關回憶，甚至是自己的日常生活，像這位女性一樣，不僅家務事，凡事都覺得很麻煩。

六，受害者的思維和情感會轉為負面，「不知道為什麼活著」、「只想打遊戲」、「希望時間快點過去」都是很具代表性的話語。這些話的真實意思都是「我痛苦到想死，太累了，太生氣了」。

七，受害者會變得極度敏感或是極度遲鈍，如同這位女性說的「什麼都沒做就覺得好累」，這是由於在內心消耗了過多能量所致。

雖然可以選擇處理事件的方法，可是處理受到事件影響的心，不是一種選擇，而是必須。

受害者處理自己感受到的負面影響，比處理事件本身更重要。對他人做出性騷擾行為者當然必須負起事件責任，但處理該事件帶來的痛苦的責任，則歸於受害者自身。這位女性必須接受這一點，而找專家進行諮商和心理治療會比一個人處理情緒好，希望她一定要去精神科就診。藥物治療與心理治療並行，才能恢復健康，平復心情。

大多數人會放棄處理性騷擾事件，因為會涉及職業災害、法庭糾紛等等，是一場又累人又孤獨的戰爭。但放棄作為會帶來嚴重的無力感。處理事件的方法取決於受害者本人的選擇，不過絕對不能放棄處理自己的情緒。

在心理學中，「理智化防禦機制」（intellectualization）是用理性控制、壓抑情緒的防禦機制。拿伊索寓言中的〈狐狸與葡萄〉來簡單解釋：故事中，葡萄長在狐狸碰不到的高處，狐狸否認現實的困難，反而說「那個葡萄太酸了，不好吃」，認定酸葡萄沒有摘的價值。會陷入理智化防禦機制的人，往往是充滿活力或是十分聰明的人，不過這樣一來，用理性抑制的情緒會反映到身體上，這位女性會喘不過氣就是因為如此。

有一種叫做「哀傷治療」（Grief Therapy）的心理療法。諮商師會引導被諮商者說出過去獨自面對的疲憊痛苦等情緒，幫助被諮商者直視自己痛苦並且加以轉化。很多創傷受害者認為接受心理治療時，必須回想過去的痛苦回憶，太痛苦折磨了，乾脆掩蓋或遺忘掉那段回憶會更好。不過，如不澈底根除那份痛苦，那份痛苦會時時刻刻折磨受害者，遠遠超過心理治療時被折磨的時間。說得嚴重一點，是一天二十四小時、一年三百六十五天都得活在那份痛苦中。心理治療就像動手術，手術後麻醉退去，傷口復原期間，傷口雖會隱隱作痛，但透過偶爾施打的鎮痛劑，撐過那段傷口恢復期，終能等到創傷痊癒的一天。就像身體的傷口有痊癒的一天一樣，心靈的傷口也有好起來的一天。受害者接受專業諮商者的治療，能有效處理痛苦的情緒。請這位女性一定要鼓起勇氣就診。

一天請投資十五分鐘進行共感練習，能加速心靈復原的速度。

不只是這位女性，我推薦大家用自我提問結束一天的生活：

- 今天我感受到的負面情感和挫折的需求是什麼？
- 今天我感受到的正面情感和被滿足的需求是什麼？

- 為了滿足受挫的需求，我能做什麼？能拜託他人什麼？

如果能寫下這些問題的答案，或是和其他人進行每日對話（約十五分鐘），將會發生以下的事情：

1. 學會如何給予和付出共感。
2. 自己的共感能力與感知需求的能力得到提升。
3. 能加速負面情緒的復原速度。換句話說，彈性會變高。
4. 不管問題是否能被解決，但是你會產生解決問題的力量。
5. 和他人之間的連結、紐帶、友情、親密感、愛和信任會變得更深厚。

職場性騷擾受害者有可能會罹患創傷後症候群，就像內文得了憂鬱症又遊戲上癮的媽媽一樣。受害者歷經衝擊事件，以致罹患憂鬱症時，最需要的就是能讓自己重新享受人生，重拾快樂的希望。關鍵在於用最快速度擺脫「為什麼那種事會發生在我身上」的負面想法，並好好處理自己的傷口。

對他人做出性騷擾行為者當然必須負起事件責任，但處理該事件帶來的痛苦情感的責任，在受害者自己身上。

結語

在電影《王者之聲》（*The King's Speech*）出現過這樣的場面。王儲伯帝在人前說話會嚴重口吃，經妻子的牽線，他認識了語言治療師萊諾．羅格。伯帝和羅格第一次見面時，羅格希望諮商者和被諮商者之間能維持平等關係，建立彼此信任，伯帝表示「如果是這樣，我沒必要接受治療」。兩人的治療因而破局，看著離去的伯帝與關上的房門，羅格緩緩吐出「真失望……」的話語。

羅格是對自己失望，因為他為了讓諮商和心理治療能順利進行，試圖建立所謂的信任關係（rapport），刻意用激將法表達自己的意見，卻引起伯帝反彈，質疑治療的有效性。是以，羅格自責如果自己能做得更好，說不定伯帝就不會放棄治療。

我也有過很多類似的經驗，「那對夫妻得繼續接受諮商才行，那時候我是不是應該那樣說才對？還是我不應該說那句話？」人們願意下定決心接受諮商並不容易，大部分的人會觀望第一次諮商過程，再決定是否接受後續諮商，所以在第一次諮商中建立起足夠的信任關係非常重要。尤其是有些人的狀態已經非常需要心理治療，如果能接受治療一定能過得比現在更健康幸福，卻因為對第一次諮商心存疑慮，從此不再出現。那時候，我也像電影中的羅格一樣，對自己感到失望，心想「我是不是需要更強力的武器，讓他們更願意信任我呢？」不管那個武器是更優秀的學歷，或是更加響亮的名聲，又或是更專業亮麗的諮商中心裝潢。

這本書集結了我多年諮商經驗中，讓我感到遺憾的案例。大部分的案主原本應該能過上比現在更健康、幸福的人生，是我沒能給他們那樣的機會，因為我個人的不足及其他理由，我讓他們擦身而過。我一直對這些人感到愧疚。因此，我希望透過這本書能傳達些許的安慰和治癒，給這些生活在地球某一處的人，其中也包括我自己。儘管我在諮商室和節目中用成熟的面貌工作著，但是我和書中這些人並無不同。我在節目中說過好幾次，養兩個兒子真的是讓我累得半死。很多人好奇我兩個兒子的課業成績好不好，我偶爾開玩笑跟他們說：「你們應該要考上哈佛，讓媽媽變成有名的親子教育講師才對。雖然事與願違，但我還是很感謝你們闖禍歸闖禍，沒有真的鬧得太嚴重，叛逆期雖然叛逆，也很順利地度過了。」

我知道要把自身經驗和從經驗中學習到的事，運用在人生中真的不容易。所以我會告訴案主不用太逼自己。各位讀者也試著用溫暖的視線看待自己，怎麼樣呢？

伊索寓言的〈北風與太陽〉說，和寒冷的北風相較，溫和和煦的陽光更能使旅人脫去外套。在我學習諮商之前，我就很喜歡這個故事。請各位記住接受治療的過程時，盡所能地將心情坦白告知，就是成功的一半。**試著用溫暖的視線看待自己的痛苦，偶爾在涼爽的陰影下休息也很棒。**

我對我充滿痛苦的人生，心懷感恩。還有我真心感謝我的案主們，願意坦白誠實告訴我自己的傷痛。這本書雖有不足之處，但希望能盡到棉薄之力。

在這本書出版前，我真的得到了許多人的幫忙與支持。首先我要感謝企劃這本書的吳慶熙部長，感謝他在我感到茫然，迷失寫作方向時，願意替我潤飾文字，讓讀者能更簡單有趣地閱讀這本書。我同時要感謝各位出版社相關人員，從取書名開始到出版過程中的勞心費力。還有，我想親自造訪感謝那些願意替不足的我寫推薦文的人。

在寫作過程中，你們在我喪失信心時替我加油打氣，帶給我很大的力量，特別是源喆哥，雖然人遠在非洲剛果忙著蓋房子，百忙中仍爽快應允抽空寫推薦文。

我要感謝我的案主和節目嘉賓，謝謝你們願意在諮商室和節目告訴我個人心聲，陪我一起又哭又笑，發現人生意義；感謝讓我人生更完整，讓我更加成熟的我心愛的兩個兒子炳憲和炳夏，以及我親愛的母親。

最後，稍微長大懂事的玧妊，想把這本書獻給教導我勤勉生活，在天國的我所尊敬的父親。

HEART
心|視野　心視野系列 079

真正想說的話，更要好好說

心理諮商師教你用最忠於自我的話語，化解最難解的關係困境

개떡같이 말하면 개떡같이 알아듣습니다 .. 그렇게 말해도 이해할 줄알았어

作　　者　金玧姃
譯　　者　黃莞婷
總 編 輯　何玉美
責任編輯　洪尚鈴
封面設計　張天薪
內頁排版　JGD

出版發行　采實文化事業股份有限公司
行銷企劃　陳佩宜・黃于庭・馮羿勳・蔡雨庭・陳豫萱
業務發行　張世明・林踏欣・林坤蓉・王貞玉・張惠屏
國際版權　王俐雯・林冠妤
印務採購　曾玉霞
會計行政　王雅蕙・李韶婉・簡佩鈺
法律顧問　第一國際法律事務所　余淑杏律師
電子信箱　acme@acmebook.com.tw
采實官網　www.acmebook.com.tw
采實臉書　www.facebook.com/acmebook01

I S B N　978-986-507-286-5
定　　價　360 元
初版一刷　2021 年 4 月
劃撥帳號　50148859
劃撥戶名　采實文化事業股份有限公司
104 臺北市中山區南京東路二段 95 號 9 樓
電話：(02)2511-9798　傳真：(02)2571-3298

國家圖書館出版品預行編目資料

真正想說的話，更要好好說：溝通卡關了？心理諮商師教你用最忠於自我的話語，化解最難解的關係困境 / 金玧姃著；黃莞婷譯．-- 初版．-- 臺北市：采實文化事業股份有限公司，2021.04；272 面；14.8X21 公分
譯自：개떡같이 말하면 개떡같이 알아듣습니다 .. 그렇게 말해도 이해할 줄 알았어
ISBN 978-986-507-286-5(平裝)

1. 說話藝術 2. 溝通技巧
192.32　　110002271